KB211962

IT 개발자의 거의 모든 것

IT 개발자의 거의 모든 것

개발자를 꿈꾸는 ··· 개발자로 일하는 ··· 개발자와 일하는

모든 이를 위한 실용 지침서

이병덕 지음

개발자 르네상스의 시작

스마트폰은 이제 생활에 없어서는 안 될 필수품이 됐다. 그 바탕에 수많은 앱이 있었음을 부정하는 사람은 없을 것이다. 앞으로 스마트폰뿐 아니라 TV, 가상머신, 스마트워치 등 우리 생활을 편리하게 도와줄 기기와 그 기기를 뒷받침해줄 소프트웨어의 수요는 더욱더 늘어날 수밖에 없다. 이를 바탕으로 이 시대는 점점 더 소프트웨어 개발자를 필요로 하고 개발자를 중요시하는 사회로 변화할 것이라고 예측할 수 있다.

이 책은 개발 분야에 발을 내딛기 시작한 개발 초년생과 관련 직종으로 취업을 준비하는 사람들, 나아가 프로그래밍에 관한 지식이 전혀 없는 사람들도 개발자와 개발일을 이해하는 데 도움이 될 내용을 담았다. 이 책이 프로그래밍을 직업으로 삼은 개발자와 미래의 개발자를 꿈꾸는 수많은 청년들이 현실에 좌절하는 일이 없도록 길잡이가 됐으면 하는 것이 나의 바람이다.

선배 개발자들은 우리나라에서 개발자로 살아가는 게 매우 힘겹다고 말하곤 한다. 실제로 업계에서는 개발하다 막히면 치킨 집으로 가라는 마냥 웃을 수 없는 농담도 심심치 않게 들린다. 개발자로 일하다 보면 은퇴 나이가 되기도 전에 창업해야만 하는 현실을 빗댄 표현이다. 우리나라에서 개발자로 자리 잡기란 이처럼 힘든 일이다.

이런 어려움이 있는 것은 사실이지만 이는 개발 직종에만 해당되지는 않을 것이다. 오히려 개발 직종은 인공지능에 따른 전반적인 직업 패러다임의 변화가 예상되는 다가올 미래에 전망이 밝은 직업이라고 말할 수 있다. 더 나아가 인공지능으로 자동화가 급속도로 보급되고 2차 로봇 분야의 제조업과 드론의 발달과 함께 새로운 소프트웨어 생태계가 등장할 근미래를 생각하면 지금이 개발자 르네상스의 태동기라고 불러도 손색없을 듯하다.

필자는 개발 일선에서 체계도 없고 불법적인 현실 앞에 주눅 들고 고통스러워하는 젊은 개발자들을 많이 봤다. 그렇지만 현실이 어둡다고 해서 돌파구가 없지는 않다. 개발자라는 직종이 쉽지 않은 직업임에는 틀림없지만 그렇게 비관할 것까지는 없다는 것이 15년째 개발일을 하고 있는 필자의 생각이다.

이를 설명하기 위해, 이 책은 고급 프로그래밍 기술에 초점을 맞추지 않았다. 가시밭길을 걷는 개발 초년생들이 슈퍼 개발자로 성장하는 데 도움을 주고자 조금 더 쉽고 재미있게 썼다. 꼭 개발자가 아니더라도 개발자라는 직종에 대해 궁금한 사람, 혹은 현장에서 개발자와 같이 일하는 사람들에게 도움이 되었으면 하는 생각도 있다. 부디 앞으로 우리나라에 풍부한 가능성을 가진 강력한 개발자들이 출현하기를 바란다. 또한, 개발 본연의 창의적이고 기술적인 노동력이 제 가치를 인정받기를 바란다.

이병덕

목차

Part 1 ··· 입문편

Part 2 ··· 심화편

그대 이름은 개발자

IT가 태동한 1990년대부터 사람들은 IT 기술의 향연을 일상에서 누리며 살고 있다. 오늘날 우리는 집에서, 직장에서, 지하철에서 혹은 여행지에서, 어디서든 어느 때나 IT를 만난다. 이런 생활을 가능하게 해준 시작을 잠시 되짚어보자.

1980~1990년대로 돌아가 보자. 이 시기에 유년 시절을 보낸 세대들은 천리안, 하이텔의 소설 게시판에 연재되어 대단한 인기를 끌었던 《퇴마록》시리즈를 비롯한 무협 소설들을 기억할 것이다. 특히 《퇴마록》은 이우혁 작가의 작품으로 서구의 판타지가 주류였던 당시에 도교, 기공, 기독교, 밀종, 드루이드교 등의 다양한 종교와 사상을

융합해 한국형 판타지를 개척했다는 평가를 받으며 폭발적인 인기를 누렸다. 그 후 온라인 연재소설이 출판업계까지 진출하며 새로운 출판 장르도 만들어냈다.

더불어 수많은 사람을 열광시켰던 온라인 게임 '바람의 나라'와 사회적 문제로까지 번졌던 '리니지' 시리즈는 게임업계에서 전설적인 혁신의 시작이었다고 할 수 있다. 이러한 온라인 혁신은 세이클럽 채팅과 이메일 시스템, 대규모 포털 사이트의 등장 이후 고작 15년 만에 컴퓨터를 벗어나 스마트폰으로 범위를 확장했다.

IT 서비스의 역사 뒷면에는 수많은 소스코드와 그 코드를 만들어온 프로그래머들이 존재한다. 이러한 IT 문화 속에서 자란 필자 역시 개발자로 일하면서 그런 서비스들을 만들어왔다. 수많은 프로젝트 경험 덕분에 이제는 IT 시스템의 외관만 봐도 그 내부 구현 과정을 떠올리고 예상할 수 있을 정도다. IT 초창기 시절의 개발자들은 자신의 일을 하나의 직업으로 접근했다기보다는 취미 생활이나 자기 필요에 의해 프로그래밍 언어를 배우고 익히는 과정으로 여기며 한국 IT 산업의 발전에 기여해왔다. 그러한 노력 덕택에 지금은 어느 회사를 가도 소프트웨어 개발자라는 직업군이 전산부서에서 컴퓨터와 씨름하는 모습을 볼 수 있다.

그럼 직업으로서 정립된 개발자의 역할은 어떤 것이 있을까? 이 책에서는 프로그래머programmer [1], 코더coder [2], 설계자program architecture [3], 매니저project manager [4] 등을 편의상 모두 개발자로 지칭하도록 하겠다. 그만큼 실무에서 개발자는 많은 역할을 수행한다. 별도 직무에 대한 내용이 필요할 때는 설명을 따로 덧붙이도록 하겠다.

개발자에게 '기술'보다 더 중요한 것

———

소프트웨어 개발자는 말 그대로 소프트웨어를 만드는 사람을 뜻한다. 하나의 소프트웨어를 만든다는 것은 많은 역할과 작업 요소를 포함한다. 소프트웨어 개발에는 의미 있는 서비스를 발견하고 그 서비스를 사용하는 고객의 니즈를 파악해서 이를 제품으로 녹여낼 수 있는 능력이 요구된다. 결국 개발자의 가장 중요한 핵심 역량은 고객 서비스와 그 구현이라 할 수 있다.

하지만 많은 사람이 이 핵심 역량을 오해한다. 개발자에게 가장 중요하고 유일한 덕목은 '기술'이라고 믿는 데서 나오는 오해다. 개발자는 기술보다 올바른 가치관 정립을 우선으로 해야 한다. 개발자

....

1   컴퓨터의 각종 프로그램을 만드는 사람을 말한다. 업계에서 일반적으로 부르는 개발자는 바로 이 역할을 수행하는 사람을 의미한다.

2   컴퓨터 프로그래밍 시 소스 부분의 코딩만을 수행하는 사람이다. 프로그래머는 이 코더의 업무도 수행한다. 보통 난이도가 쉽고 단순하고 반복적인 코드를 생산하는 사람을 뜻한다.

3   프로그래머의 업무를 포함해 전체 시스템을 포괄하는 설계를 담당한다. 보통 프로젝트에서 프로젝트 리더PL 역할을 수행하며 핵심 모듈을 제작하고 공급한다.

4   보통 프로젝트 매니저PM라 칭하며, 프로젝트의 일정, 자원관리, 위험 관리를 수행하는 실질적인 프로젝트의 핵심 인력이라고 볼 수 있다. 의사결정을 수행하고 설계자에게 주요 업무 지시를 내리는 최종 결정권자다.

들이 만들어야 하는 것은 불편한 데다가 못생긴 버튼 같은 쓸데없는 서비스가 아니라 사용자들이 하루에도 수십 번씩 누르고 싶은 매력적인 서비스이기 때문이다.

아마 이 이야기를 듣자마자 현직 개발자와 사회 초년생들은 척박한 국내 IT 시장의 현실과 한참 동떨어진 이상향을 말하고 있다고 생각할지 모르겠다. 하지만 오해하지 마시라. 이 책은 그 척박한 국내 IT 시장에서 이상향을 잃어버리고 자본주의에 먹히는 개발자가 더는 나오지 않도록 하기 위한 것이다. 많은 개발자들이 오랜 시간 일하면서 사회 초년생 때 가졌던 본연의 개발자 역할을 잃어버리고 상처 입은 꼰대로 은퇴하는 것이 현실이다. 우리 사회가 개발자라는 직업에 그리 호의적이지는 않지만 최소한 우리 마음속에 살아 있던 개발 본연의 프로의식까지 잃어서는 안 될 것이다. 우리는 프로 개발자가 되려고 이 일에 뛰어든 것이 아닌가.

그럼 이 과정에 포함되는 기획과 디자인, 테스트, 유지보수 등이 모두 개발자가 해야 하는 일인가라는 의문이 생길 수 있겠다. 여기서 우리는 개발자의 역할과 권한을 명확히 해야 한다. 하나의 제품이 나올 때까지 모든 일을 혼자 하는 경우는 거의 없다. 원칙적으로는 그 팀의 개발 파트가 짊어진 권한과 책임까지가 개발자가 맡은 역할의 범위이다.

현실에서 개발자는 기본적인 소프트웨어 개발부터 기획, 테스트, 고객 응대를 모두 도맡아 한다. 개발자가 잡부가 되는 순간이라고 할 수 있다. 서비스를 만드는 것이 소프트웨어 개발자의 역할이지만 혼자 만드는 것이 아님을 명심해야 한다. 개발자의 역할에는 서비스를 만들기 위해 기획된 설계와 디자인에 대한 타 팀과의 신뢰를 구축하는 것이 포함된다. 개발자는 개발자로서 그들이 신뢰할 만한 소스 안정성과 기술력을 제공하고 다른 부서는 개발자가 납득할 만한 디자인과 기획을 제공하는 과정이 회의를 통해 도출된다. 다른 부서의 팀원들이 모두 이렇게 고품질 서비스를 만들려는 정신을 갖추고 있다면 그들의 적절한 피드백은 좀 더 훌륭한 품질로 돌아올 것이다. 하지만 현실적으로 국내 대부분의 개발자는 이와는 다른 역할을 수행하는 경우가 많다.

일반적으로 직원의 업무라는 것은 기업의 규모와 문화에 영향을 많이 받기 때문에 한 가지로 규정할 수는 없다. IT 업계에서 가장 규모가 크고 일반적으로 접할 수 있는 시스템통합System Integration(이하 SI)을 수행하는 중소기업의 사례를 살펴보자.

IT 웹 시스템 개발을 주로 수행하는 것이 SI다. SI 웹 프로젝트의 주요 언어는 자바와 HTML, 자바 스크립트지만 필요에 따라 C언어로 작성되는 모듈이나 임베디드까지 개발해서 제공하기도 하며 실질적으로 그 수행 범위가 정해져 있지 않다. SI 프로젝트라고 하면 발주 기업이 필요로 하는 정보시스템에 관한 기획에서부터 분석, 개발, 구축, 더 나아가 운영까지 토털 솔루션으로 제작, 제공하는 프로젝트를 의미한다.

SI 개발은 타 산업군과 성장을 같이한다. 산업군이 다양한 만큼 요구하는 시스템도 모두 달라서 그 업무를 보조하기 위한 IT 인프라

IT 개발자의 거의 모든 것

의 모양이 확정될 수 없기 때문이다. SI 프로젝트는 각 프로젝트 성격별로 그때그때 새로 만들기 때문에 수요와 공급이 많다. 또 그로 인한 수행 업체와 규모도 천차만별이다. 지금도 수많은 국내 SI 업체들의 구인 광고가 인력 공급시장에 넘치는 것을 볼 수 있다.

실무 개발자의 하루 일정을 살펴보면 특별히 개발자라고 해서 회사 일과가 다른 직장인과 크게 다르지 않다. 보통 주간보고, 일정 공유, 자잘한 문서작업 같은 잡무, 회의 참석 등을 한다. 하지만 개발이 주 사업인 소프트웨어 업체에서 가장 핵심 인력인 개발자가 이렇게 많은 일을 한다는 사실 자체가 문제다.

어느 개발자의 하루

대학교를 졸업하고 한 SI 업체에 취직한 K군은 이제 3년 차 개발자다. 다니고 있는 회사는 직원이 150명이 넘는 SI 쪽에서는 꽤 알아주는 중소기업이다. 이곳은 수주하는 프로젝트가 많아 한 가지 프로젝트가 끝나기 무섭게 다른 프로젝트에 투입되는 경우가 많다. K군은 평소 쾌활하고 꼼꼼한 성격으로 일을 잘한다는 평가를 받아왔다. 하지만 그 평가에 대해 '사람들이 나를 꺼리지는 않는구나'라는 모호한 생각만 갖고 있을 뿐이다.

국내 대부분의 개발업체에서 그렇듯이 그도 특별한 교육을 받은 기억은 없다. 다만, 프로젝트에 투입되면 프로젝트 리더Project Leader (이하 PL)[5]가 배정하는 일거리를 무턱대고 코딩하며 알게 모르게 실력을 쌓아왔을 뿐이다. 이번 프로젝트 PL 과장님과는 처음으로 같이 일해보기 때문에 과장님은 K군의 구체적인 기술 스펙을 모른다. 그저앞선 선배들이 일하던 방식으로 K군은 자신의 일을 수행할 뿐이다.

잦은 야근으로 프로젝트 매니저(이하 PM)인 팀장님이 늦게 출근하는 오전은 코딩하기 쉽지 않은 시간이기도 하다. 팀장님이 오면 오전에 개발 일정 공유를 위한 짧은 회의를 하는 경우가 많아서 흐름이 끊어지기 때문인 듯하다. 팀장님은 개발자의 시간을 뺏지 않겠다고 생각하는 분이라 회의가 길지는 않다. 오전 9시 30분쯤 오신 팀장님이 주최하는 회의는 대략 30분 정도 걸린다. 회의하고 잠시 차 한 잔을 마시면 10시를 훌쩍 넘어선다. 점심시간이 얼마 남지 않아 어제 하던 화면작업을 오후에 이어서 해야 할 듯하다. 분량이 많이 남아 식사 후, 숨 돌릴 틈도 없이 서둘러 사무실로 올라간다.

코딩에 대한 구체적인 가이드 문서가 없는 만큼 PL 과장님이 제공해준 라이브러리들의 사용법이 생소하다. 어느 프로젝트를 가도 생소하긴 마찬가지겠지만 이 과장님의 라이브러리는 사용법이 꽤나 난해하다. 하지만 일정 지연으로 인한 어려운 분위기 속에 3년 차가 이것저것 물어보기는 눈치가 보여서 다른 작업 영역들을 참고하며 꾸역꾸역 만들어간다.

현업 파트는 개발 일정에 대한 개입이 매우 심하다. 오후 2시쯤에 현업들이 회의를 요청할 때가 많다. 팀장님의 설득으로 팀장님과 과장님만 참석하는 회의지만 프로젝트 막내인 K군은 회의록을 작성

IT 개발자의 거의 모든 것

하기 위해 참석해야 한다. 회의 시작 전에 관련 문서를 출력하고 프로젝터를 세팅하는 작업은 이제 많이 능숙해졌다. 회의에 들어가면 가끔 언쟁이 일어나기도 하지만 현업의 무리한 요구와 함께 일정 지연에 대한 한바탕 설교로 끝나는 경우가 대부분이다. 대략 1시간~1시간 30분 정도의 회의가 끝나면 문제 해결을 위한 짧은 개발팀 회의를 종종 한다. 10~30분 정도의 개발팀 회의 때는 그나마 회의록은 필요 없어서 다행이다.

시간은 이미 오후 3시 반을 넘겼다. 서둘러 회의록을 정리해 파일서버로 공유한다. 이전 프로젝트 때는 파일공유를 위한 파일서버와 소스공유를 위한 형상관리 서버[6], 간단한 메시지를 주고받기 위한 메신저와 인원관리 파일대장 등 전반적인 프로젝트 기반 관리를 잘못해서 고생을 했다. 시행착오를 겪은 덕분에 프로젝트에 투입되면 이런 것들을 미리미리 짬을 내 구성해둬야 한다는 걸 알게 되었다. 일정 규모가 되는 회사인데도 이런 기본적인 것에 대한 사전교육이 이루어지지 않는다는 사실이 의아할 따름이다.

회의록 공유 후 여유가 찾아올 무렵, 시계는 벌써 4시를 가리킨다. 다시 하던 작업으로 돌아와 보니 머릿속이 복잡해서 무엇을 하고 있

....

5 PL(Project Leader)은 프로젝트의 최고 총괄에 해당하는 PM의 바로 밑에서 시스템의 아키텍처를 담당하는 경우가 많다. 프로젝트에서 발생하는 기술 이슈 중 업무 파트의 이슈를 제외하고는 모든 모듈의 설계 및 배포를 수행한다. 보통 프로젝트에서 일이 가장 많으며 난이도가 가장 높은 일을 맡는다.

6 소스나 문서 등을 서로 공유하기 위한 프로그램을 설치한 서버를 뜻한다. 보통 CVS, SVN을 설치한 서버를 의미하며 유명한 git과 같은 도구도 형상관리 도구에 포함된다.

었는지 혼란스럽다. 퇴근까지 두 시간쯤 남아 있다. 점심시간에 막힌 문제를 풀기 위해 구글링을 하느라 실제로 작업은 얼마 못했다는 걸 깨닫는다. 어디까지 검색했는지 기억이 나지 않아서 다시 검색을 하며 이런저런 시도를 해본다. 소위 이런 삽질을 할 때는 정말이지 시간이 너무도 빨리 지나간다. 해당 문제를 한 시간쯤 잡고 있으면 이럴 시간이 없다는 결론에 도달하게 된다. 서둘러 다른 부분을 먼저 개발한다. 이런 요소들이 모이고 모여 새로운 문제점을 발생시킨다는 걸 경험으로 알고 있다. 하지만 이 문제를 명쾌히 답해줄 과장님은 매우 바쁜 분이다. 이런 사소한 것을 죄다 물어보면 프로젝트 일정에 지장을 주게 될 것이다. 오늘도 야근은 필수인 것 같다. 내 실력이 부족하니 진도가 안 나가는 것 같아 죄송할 따름이다. 그래도 식사 후 저녁 7시 30분부터는 온전히 개발에 전념할 수 있어서 다행이다. 그래서인지 야근을 할 때 일이 훨씬 잘 되는 듯하다.

매우 일반적인 프로젝트 진행 상황이다. 8시간의 기본 업무 시간 중에 대략 얼마의 시간을 개발에 사용했는지 계산해보자. 오전과 오후를 합쳐 대략 4시간 정도를 개발에 사용한 것으로 보인다. 그러나 집중해서 일을 처리해야 하는 개발 분야에서 연속되는 4시간과 중간중간 끊어지는 4시간은 천지 차이다. 게다가 쓸데없이 권위적인 선후배 문화 때문에 상급자의 지원이 원활하지 못한 것도 문제다. 스스로의 노력으로 문제점을 해결하기 위해 구글 같은 외부 검색을 이용하

는 시간까지 감안하면 제대로 개발에 집중할 수 있는 시간은 두 시간이 채 되지 않는다. 즉, 개발자 본연의 역할에 대해 고민하고 자신의 책임을 완수하기 위해 들이는 시간은 하루에 고작 한두 시간에 지나지 않는다는 얘기다. 국내의 많은 개발자들은 자신이 맡은 역할이 너무 많아 이런 현실적인 고민에 빠진다. 이 사례에서 미처 얘기하지 못한 어려움도 수없이 많다. 오후 회의가 퇴근 전까지 이어지는 경우도 많고, 새로운 인력이 충원되거나 인원이 변동될 때마다 신규 인력에 대한 프로젝트 교육과정도 병행해야 한다. 대부분의 금융, 공기업 프로젝트의 경우는 구글링마저 제한된다. 아니 인터넷 자체가 막혀 있는 경우가 허다하다. 보안상의 문제로 데이터베이스를 연결할 수 없거나 외부 라이브러리를 가져올 수 없어서 손이 묶이는 일이 많은 것이다.

이것이 현재 개발자들이 일하고 있는 국내 IT 업계의 현실이다. 이제부터 그 현장 속으로 더 깊이 들어가보자.

PART

1

...

입문편

1

개발자로
살아남기

이규호 작사·작곡의 음악, 〈길가에 버려지다〉는 2016년 무료 음원으로 발매됐다. 노래는 세상이 내 뜻대로 되지 않아서 내가 길가에 버려지더라도, 내 의지로 다시 길을 찾고 싶다는 염원을 담고 있다. 우리는 모두 어떤 선택이 옳은지 모르고 살아간다. 뜻대로 되지 않는 세상을 살아가며 마음 한구석에는 자신이 쓸모없어져서 버려질 수도 있다는 두려움을 가지고 있는지도 모른다.

　　IT 업계에서 그런 두려움을 가장 크게 느끼는 직급은 바로 PM이 아닐까 싶다. PM은 대단한 기술을 가지고 현업과 중요한 회의를 수행하는 사람으로 비춰질지도 모른다. 대규모의 메인프레임 시스템 개발을 성공적으로 마무리하는 화려한 인생을 사는 사람으로 여겨지기도 한다. 그러나 개발자에게 있어서 PM으로의 직급 변환은 개발

인생의 종말을 의미한다. 회사에서 무엇보다 중요한 것이 PM의 역할이지만, 본인이 원해서 PM을 수행하는 개발자는 별로 없다. 그런 경우 프로젝트 수행 관리로 인한 스트레스 때문에 정작 자신이 좋아하던 기술은 연마하지 못한 채, 그저 시대에 뒤떨어진 관리자로 은퇴할 가능성이 높다. 우리나라의 IT 벤처 1세대들의 10년 이내 생존율을 보면, 이 말이 과장되지 않았다는 걸 알 수 있다. 개발자의 말년이 불안정한 것만큼이나 개발자의 시작도 험난하다. 다음에 나오는 Y군의 사례는 아마 많은 이들의 공감을 살 것 같다.

한 젊은 개발자 이야기

이제 막 군 복무를 마친 Y는 소프트웨어 공학과로 복학했다. 군대를 다녀온 2년 동안 IT 기술은 정말 눈부시게 발전했다. C언어 프로그램 몇 개만 맛보고 군에 입대한 Y에게 드론이니 인공지능이니 하는 IT 신기술은 그저 먼 나라의 신기한 기술 같았다. Y는 게임을 만들고 싶은 생각이 있었지만, 학교에서 게임 프로그래밍에 대해 접할 기회가 없었다. Y는 학교의 C언어 교재를 가지고 공부하거나 과제를 하며 진로에 대한 막연한 고민에 빠져들었다. 그러던 중 대기업 S사의 학사 프로그램을 이수하면 바로 취업이 가능하다는 말을 듣고 냉큼 프로그램을 신청했다.

프로그램을 끈기 있게 성실히 이수하면 무난하게 입사가 가능했다. 아무래도 공학 계열 신입생의 수 자체가 많지 않기 때문에 지방대에도 이런 대기업 입사 기회가 주어진 듯했다. Y는 S사에 입사를 하게 됐지만 몇 개월간 개발 관련 교육은 받지 못했다. 의료기기 영상 사업부라는 팀으로 배정받고 곧바로 일을 시작하게 됐다. 하지만 일을 시작하자마자 난감하기 이를 데 없는 과제를 맡게 됐다. Y가 배정받은 일은 독일의 A사 의료기기 내부 소프트웨어와 동일한 기능을 국산의 B 장비에 구현하는 일이었다. Y는 이제 3개월 차 신입이 아닌가. 그런데도 이미 다른 파트에서 C의 소켓 프로그램 신호를 B 장비 내부에서 받는 것까지 다 해놓았으니 그 결과를 화면에 표현만 하면 된다는 업무 지시를 받았다. 아무리 쉬운 작업이라도 구체적인 인수인계 없이 해낼 수 있을 것 같지가 않았다. 하지만 과묵한 김 책임님은 S사에 입사한 신입 중에 Y처럼 불만부터 가진 사람은 처음 봤다며 압박을 주었다. 그래서 Y는 벌써 몇 달째 야근을 하며 구현해가고 있었다. 상품화할 장비의 내부 프로그램을 자신과 같은 신입이 인터넷과 책의 도움만으로 개발하는 도무지 이해가 안 되는 상황에서 말이다.

매일 반복되는 납기일은 왜 이렇게 무리하게 금방 다가오는지. 그럼에도 회사는 그저 묵묵히 밀어붙일 뿐이었다. 그래도 약 1년이 지나고 자신이 화면 정도는 뚝딱뚝딱 추가할 수 있게 된 걸 보면 그간 헛고생만 한 것 같진 않다고 Y는 생각했다. 하지만 무뚝뚝하게 일거리를 지시하시는 김 책임님은 Y가 소화할 수 있을 것 같지 않은 어려운 과제를 항상 던져주었다. 김 책임님은 이미 15년째 일을 하신 베테랑이라 들었는데 지금은 코딩을 안 하신 지 벌써 3년이 넘었다고

IT 개발자의 거의 모든 것

했다. 분명 고수이실 테니 지금 진행하는 과제에서 데이터베이스 관련 설계가 포함된 부분은 쉽게 하실 수 있을 것이었다.

Y는 자신 같은 초짜가 상용화할 장비 내부에서 컨트롤해야 하는 데이터베이스 처리를 다 만들어도 되는지 여전히 의문이 들었다. 결국 큰 문제가 일어나서 회사 차원에서 여러 번의 지적을 받았다. 프로젝트 전체가 리모델링으로 몇 달에 걸쳐 재개발되는 동안 Y는 수차례 상처를 받았다.

Y는 이러한 프로젝트를 거치면서 어느새 4년 차 개발자가 됐다. 그동안 김 책임님께 서운한 감정도 많았고 화가 날 때도 있었지만, 이제는 어느 정도 이해할 수 있는 경력이 됐다. 개발을 수행할 때 자신이 그 일을 할 수 있는지 없는지는 고려 대상이 아니라는 사실도 알게 됐다. 또 자신이 개발에 책임을 질 수 없는 상황에는 충분히 문제 제기를 해서 문제가 발생했을 때 책임져줄 누군가를 찾아 증거를 남겨놓는 것이 중요하다는 사실도 깨달았다. 이런 과정이 결국 관리자로 올라가는 첫 번째 과정임도 알게 되었다. 지난주의 술자리에서 김 책임님은 자신도 개발에 매력을 느끼고 개발자가 되었다고 말했다. 처음에는 자신이 기술을 갈고 닦으며 평생 그렇게 일할 줄 알았다고 했다. 하지만 자신의 위치로 올라오면 그게 불가능하다는 것이었다. 하나의 거대한 장비에 들어가는 1,000개 이상의 소프트웨어 전체를 설계하고 개발자들에게 분배하며, 다른 소프트웨어 파트 책임급들과 연동을 맞추려면 그런 코딩을 할 시간이 없다고 했다. 결국 사람과 자원을 관리하는 업무로 자연스럽게 밀려났다는 얘기였다.

머릿속은 복잡해졌지만 일은 단순해졌다. 이제 어느 정도 김 책임님이 원하는 바를 알고 있으니 대처가 쉬워졌다. 하지만 결코 내주시는 과제가 쉽다는 이야기는 아니었다. 아직도 매일 매일이 구글과의 싸움이었고, 모르는 과제를 해결하기 위해 영문 스펙 문서를 해석하고 있다 보면 머리에 쥐가 날 지경이었다. 왜 개발에 관한 기술들을 미리 교육해주지 않는 걸까? 모든 신입이 똑같이 소위 삽질을 하고 있다면 엄청난 낭비가 아닐까? 우연히 2년 차 때 짰던 소스가 눈에 들어왔다. 지금은 도무지 눈 뜨고 볼 수 없을 만큼 더럽고 못생겨서 당장 지워버리고 싶은 마음이 일었다. 누구도 소스 코딩법을 알려주지 않는 상황에서 마음대로 만들었던 예전의 소스들이 너무도 창피했다. 동시에 Y는 '지금 작업하는 소스도 더 쉽고 깨끗하게 짤 수 있는 방법은 없을까'하는 고민에 빠졌다.

Y는 현재 자신의 객관적인 개발 능력은 어느 정도인가에 대한 의구심을 품게 됐다. 그런 와중에 시대가 웹의 중요성을 어필하여 Y가 다니는 회사의 관리 모듈들도 자바 기반의 웹 시스템으로 옮긴다는 이야기를 들었다. 8년이 넘도록 C를 이용해 관리 프로그램을 만들어왔는데 갑자기 웹 기반의 자바를 병행하라니……. 화가 났지만 새로운 기술을 거부하면 안 된다고 스스로를 설득하여 관련 서적을 구매했다. 과연 겁 없이 개발하던 젊은 날처럼 앞으로도 잘 헤쳐나갈 수 있을까? Y는 고개를 절레절레 흔들고는 구글 검색창에 자바 프로그램 예시를 검색했다.

IT 개발자의 거의 모든 것

위의 예에 등장하는 Y는 IT 업체의 많은 개발자들을 대변하고 있다. 실제로 국내 기업 중에 회사 차원에서 구체적인 개발 기술을 교육하는 업체는 많지 않다. 회사 내부에서 필요로 하는 프로젝트에 바로 투입되어 실전을 경험할 뿐이다. 그 과정에서 발생하는 문제는 어디까지나 그 프로젝트의 관리자와 팀원의 몫이다. 또 관리자의 입장에서 보면, 소프트웨어의 품질을 등한시하는 때가 많다. 자연히 개발물은 개발 담당자 혹은 인수인계 받은 유지보수 인원만이 알고 있고 문제가 생기지 않는 한 그 어떤 상황에서도 그 소스를 열어보지 않는다. 어떻게 보면 "문제가 생기지 않는 한"이라는 전제 때문에 문제가 없으니 전혀 상관없지 않느냐고 반문할 수 있다. 하지만 이는 몸속에 암이 자라고 있다고 해도 치료하지 않는 것과 마찬가지로 대단히 잘못된 처사이다.

점점 더 커지는 시스템을 관리하다 보니 PM 직급의 관리자가 자연스럽게 개발에서 관리로 역할이 변경되는 현상도 보인다. 안타까운 일이지만, 어쩌면 그런 흐름은 피할 수 없는 것인지도 모른다.

프로젝트의 성공이란

IT 개발자의 시작이 너무 암울하게 보이지 않기를 바란다. 문제가 없다고 할 수는 없지만, 대부분의 문제점들은 IT의 역사가 짧고, 우리나라의 개발 환경이 특이하기 때문에 생긴 것이다. 간혹 신문에서 "실시간 기업"이라는 단어가 눈에 띌 때가 있다. 실시간 기업이란 무한 경쟁 사회에서 회사들이 빠르게 급변하는 세계의 트렌드에 초 단위로 실시간 대응을 하는 시스템을 말한다. 어떤 특정 시스템을 지칭하기보다는 현대 사회의 기업에는 변화의 속도가 중요함을 강조하기 위해 사용되곤 한다.

IT 현장도 다르지 않다. 시간이 지나며 더욱 고도화된 IT 시스템을 개발함에 따라 업계는 그간의 경험을 바탕으로 개발 기간을 지속적으로 줄여왔다. 이전에는 개발자의 노동 생산성이 수치화되어 있지 않아서 대략적으로 일정계획을 수립하였다. 그로 인한 시행착오도 많았지만 수년간 프로젝트를 수행한 경험으로 M/M[1] 기반의 표준화된 일정계획이 산출되었다. 이렇게 산출된 경험을 기반으로 타이트하게 줄여진 개발 기간만큼 M/M으로 산출되는 인건비를 감소시켰다. 시장에 통용되는 개발자 단가표는 인건비의 상승을 억누르며 그만큼 프로젝트의 수행 비용을 더욱 낮추는 역할을 했다.

금융권이나 정부 프로젝트의 경우 소규모는 대략 4~6개월, 중간 규모는 6~10개월, 대형은 1년에서 1년 6개월 정도로 줄어들었는데, 경험에 기반한 주관이 많이 들어간 일정이긴 하지만 필자가 보기에 아주 무리한 일정은 아니다. 적당한 일정의 프로젝트라 하더라도 성패가 극명히 엇갈리는 이유는 무엇보다 수치화되지 못하는 개발자들의 역량 때문이다. 일각에서는 더 세분화된 자격 시스템이 필요하

---

1 Man per Month: 월에 투입하는 사람 한 명당 얼마로 계산하는 규모 추정법. 주로 건설 업계에서 많이 사용하던 방식이다.

IT 개발자의 거의 모든 것

다거나 개개인의 경력을 국가가 관리해야 한다고 주장하기도 한다. 그러나 시장에서는 여전히 개개인의 이력서와 면접에 의존하여 프로젝트의 불확실성을 안고 개발을 수행하는 것이 현실이다.

그런데 이것이 꼭 단점만 있는 것은 아니다. 프로젝트의 불확실성을 안고 가는 것이 어째서 장점이 될 수 있는가 하고 반문할 수도 있을 듯하다. 역설적이게도 그것이 결과적으로 시장에서 더 이득이기 때문이다. 프로젝트의 불확실성은 수치화되지 못한 개발자들의 능력, 명확한 개발의 양을 산정할 수 없는 IT 프로젝트의 특성을 의미한다. IT 솔루션을 도입하거나 개발하는 업체들은 이런 불확실성에 기반해 정해진 단가로 수행하였을 때 프로젝트의 성패가 프로젝트 참가인원에 따라 극명히 갈린다는 것을 알고 있다. 이것은 참가하는 개발자의 능력에 따른 도박적인 요소를 다분히 포함한다. 능력이 좋은 개발자가 없다고 해도 포괄임금제와 프리랜서 계약을 이용한 무임금 야근을 통해 도박의 성공률을 높일 수 있기 때문이다. 게다가 프로젝트에 참가하는 개발자 중 한두 명만이라도 뛰어난 능력의 소유자라면 대부분의 프로젝트가 성공적으로 끝날 수 있다.

만약 이런 상황에서 프로젝트가 100% 완벽하게 실패로만 끝났다면 아마 우리나라의 IT 프로젝트는 철저하게 도박적인 요소를 제거하면서 관리표준으로 시스템화되었을 것이다. 하지만 대부분 프로젝트는 잡음이 많아도 결국 납기일을 준수하며 오픈을 하고 잔여 시간 동안 추가 요구사항을 모두 완료한다. 프로젝트에서 개발자들은 고통을 받았을지 몰라도, 발주자와 수행사의 입장에서는 아슬아슬했지만 결과적으로는 성공적으로 완수한 프로젝트라고 여기게 되는 것이다.

　주체에 따라 성공과 실패를 결정하는 기준점은 완전히 달라진다. 재화를 사용한 업체들은 납기일의 준수와 오픈 일정의 준수가 성패의 가장 중요한 척도이고, 프로젝트 참가원들은 개발 기간에 정해진 근무시간과 휴일과 휴가가 보장되는 일정을 성공의 기준으로 생각하게 된다. 이 간극이 발생하는 원인은 포괄임금제와 추가 근무에 대한 느슨한 법망이다. 개발자들에게 야근과 주말 출근을 원천적으로 강요할 수 없다면 프로젝트를 두고 벌이는 도박은 실패로 끝날 확률이 대단히 높을 것이기 때문이다. 국내 프로젝트들은 3~4달의 짧은 기간에 저렴한 IT 구축 비용으로 납기가 성공적으로 완료되는 구조이다. 덕분에 대한민국의 IT 시스템은 다양한 문제점을 안고도 상상을 초월하는 진화 속도를 낸다.

　필자가 최근 몇 년 내 수행했던 2금융권의 백엔드 시스템 프로젝트 또한 대부분 4~6개월이 소요됐으며, 별문제 없이 잘 마무리가 되었다. 심지어 발주자의 발주금액은 최저입찰 방식으로 수행되는 시장구조상 시장에서는 최고 단가인 것처럼 여겨지면서 시장의 전체적인 발주금액은 점차 더 낮게 형성된다. 최근 들어 줄어든 개발 기간이 발주금액에 반영되면서 공공과 금융 부분의 최초 발주액 자체가 줄어들어서 SW 업체들의 영업이익이 많이 줄었다는 분석 결과도 있다. 그 근거는 공공 시장에서 프로젝트의 유찰률이 점점 늘어나는 추세인 것을 보면 알 수 있는데 이는 더 이상 이익이 보장되지 않

　　　　　　　　　　　IT 개발자의 거의 모든 것

는 프로젝트를 업체들이 모두 꺼리기 때문이다. 공공 시스템과 은행 시스템은 시장에서 수행되는 프로젝트에 일종의 기준점을 제시한다. 그래서 우리나라에서 수행하는 중소 규모 프로젝트는 거의 대부분이 4~6개월의 일정으로 산출된다. 필자의 경험상 2005년~2010년 금융 프로젝트는 6개월에 화면 400본 기준, 사업비 10억 원의 규모였는데 최근에는 4~6억 원 정도 선까지 하락한 것으로 보인다. 필자의 경험 이기 때문에 시장 전체로 보았을 때는 결과가 다를 수 있다. 그러나 2019년 들어 정부에서 IT 업체의 포괄임금제 폐지와 52시간 근무제 같은 노동자의 권익을 위한 법을 많이 시행하여 이제 기존의 프로젝트 수행 비용으로는 수행 자체가 쉽지 않은 것은 확실하다.

"대학에서 배운 것은 다 쓸모없어"

개발 초년생이 취업을 앞두고 가장 많이 듣는 말 중 하나일 것이다. 절반은 맞고 절반은 틀린 말이다. 국내의 IT 프로젝트는 자바 웹 프로젝트의 점유율이 압도적으로 높다는 것이 특징이다. 몇 가지 개발 분야로 기술이 특정되는 이런 상황은 개개인에게 장점이 될 수도 있고 단점이 될 수도 있다. 쉽게 말하면 기술의 수요가 적기 때문에 진로를 고민할 때 운신의 폭이 좁아지는 게 선택을 위한 장점이 될 수 있다. 하지만 그만큼 공부할 영역이 좁기 때문에 세계적인 관점에서 봤을 때 개발자로서 경쟁력은 뒤처진다. 국내 개발자로 진로를 정한 경우에는 국내 기업들의 기술 편향 때문에 공부의 양이 상대적으로 적다고 느낄 수도 있지만, 그렇게 느낄 뿐이지 현실은 그렇지가 않다. 국내 개발자는 해외 개발자들만큼 전문적인 분야가 세분화되어 있지 않기 때문에 여러 가지 개발을 도맡는 경우가 많기 때문이다. 이런 소프트웨어 개발환경에서 국내 학사과정에 문제는 없는지 짚고 넘어가 보자. 이 문제점을 정확히 알아야 자신의 진로를 효율적으로 설정할 수 있을 것이다.

우리나라에서 IT 개발로 진로를 정한 학생들은 대학 과정을 이수하는 동안 구체적으로 어떤 방향으로 나아가야 하는지에 대한 명확한 가이드도 없이, IT 쪽으로 분류된 중소기업이나 대기업에 입사하게 될 것이라고 막연히 생각하기 마련이다. 개발에 뜻을 품어도 이 길이 맞는가에 대한 고민은 항상 따라다닌다. 보통 대학교에서 배우는 수준이라 함은 무작정 C언어로 짜는 기초적인 몇 가지 프로그램, 큰 필요도 없는 포토샵, 자바를 필요로 할 수 있다는 교수들의 말에 왜 만드는지도 모르고 만드는 자바 프로그램 정도일 것이다. 산학협력이나 공공 프로젝트를 진행하는 현실에 밝은 교수들도 없지는 않으나, 급변하는 IT 시장의 눈높이를 제대로 꿰뚫는 교수들은 많지 않다. 당연한 일이다. 국내 IT 시장은 근 15년 사이 급변했고, 현업에 종사한 경험이 있다고 하더라도 교수들은 실무를 접해본 지 10년이 넘었을 가능성이 높기 때문이다. 나이가 젊은 편이라도 교수라는 직책에 어울리는 학문 연구에 전념하느라 실무를 깊숙이 접해볼 기회가 없었을 확률이 더 높다. 이처럼 대학에서 기업이 요구하는 수준의 개발자를 양성하는 데는 구조적으로 문제가 많기 때문에, 미래의 젊은 개발자들은 확실한 정보나 구체적인 가이드가 없이 사회로 나오게 된다.

우리나라 남자들은 군 복무 기간까지 포함하면 보통 27살쯤에 사회생활을 시작한다. 앞서 살펴본 문제점으로 인해 실무 준비가 되지 않은 채로 IT 회사로 편입되어 경력을 쌓아 3년쯤 되면 개발의 기초 정도가 몸에 배일 뿐이다. 대학 교육과정과 군 복무 기간을 포함해 7년을 보내고, IT 기업에 취업하여 개발 기술의 기초를 쌓는 데 다시 3년을 보내고 나면 벌써 10년이 훌쩍 지나간다. 개발자 지망생이 대학에 진학하고서 IT의 기초를 쌓기까지 10년의 기간이 걸리는 건 사회적으로도 엄청난 손해가 아닐 수 없다. 업계에서 대학을 수료한 사람보다 고등학교만 이수하고 현장에서 8년 이상 경력을 쌓은 고졸 개발자의 몸값이 훨씬 비싼 현상도 이 때문이다. 정보 부재로 인한 시간 손해 또한 흔히 있는 일이다. 대학교에서 실무나 업계에 대한 상황을 접하지 못한 학생들은 인터넷이나 앞선 선배들이 전해주는 업계 현실에 대한 정보에 의존할 수밖에 없다. 이런 경우 왜곡된 업계 현실을 접할 가능성이 매우 높다.

그럼 대학교에 다니는 동안 개발자로 사회에 안착하는 방법은 없는 것일까? 사실 너무 걱정할 필요는 없다. 불행중 다행으로 모두 동일한 상황이기 때문이다. 아무리 구조적인 문제가 있다고 해도 원래 대학교에서 전문적인 수준의 실무를 익힌다는 건 쉽지 않은 일이다. 지금 이 글을 쓰는 필자 역시 대학을 나올 때는 아주 기초적인 수준의 개발밖에 할 줄 몰랐다. 모든 것을 잘 알고 미리 실력을 쌓고 대학을 나오면 더욱 좋겠지만 여건상 쉽지 않은 것도 사실이다. 씁쓸한 현실에서 위안을 찾자면 모두 출발점은 동일하다는 데 있다.

'기술'보다 더 중요한 것은 '꿈'

학사과정에서 중요한 것은 무언가를 배우기보다는 무언가 새로운 것을 만들어보고 싶다는 꿈을 갖는 것이다. 개발자는 무언가를 만드는 창의적인 직업이다. 여러분이 대학교에 진학하고 나서 무언가를 만들고 싶다는 꿈을 가지게 된다면, 그 꿈에 전부를 걸어도 좋다. 개발자에게 꿈이 없으면 뭔가를 만들고 싶다는 열망을 가질 수가 없다. 만약 자신의 꿈을 발견하지 못하고 그저 떠밀려서 진로를 선택하게 됐다면 다시 한번 진지하게 생각해보길 바란다. 이 글이 미래의 개발자를 꿈꾸는 젊은이들을 위해 쓰여졌고, 개발자로서 크게 성장해 나갈 만한 방법을 요령껏 설명하고 있지만, 우선은 밑바닥에 꿈이 자리하고 있어야 한다. 자신의 열정을 되살려줄 꿈이 바탕이 되지 않고는 개발자로서, 기술자로서 큰 성취를 이룩하기 쉽지 않다. 그만큼 끈기가 필요한 길이고 평생을 공부하지 않으면 나아가기 쉽지 않은 길이기도 하다.

학사과정의 문제점을 이야기하다가 뜬금없이 꿈 이야기가 나오니 당황스러울 수 있겠다. 위에서 언급한 학사과정의 문제점 때문에

IT 개발자의 거의 모든 것

대학생들이 실무에서 사용할 만한 지식이나 기술을 습득하기가 어려운 것이 현실이다. 그렇다고 무작정 지식과 기술을 습득하는 걸 목표로 하면 안 된다. 대학생 때 개발자가 되는 데 필요한 기술을 익히는 것을 목표로 공부만 하는 것은 청춘을 너무 소극적으로만 사용하는 것이다. 자신이 오랫동안 좋아해 왔던 취미와 특기를 IT 시스템을 이용해 다른 사람과 공유하거나 특정한 서비스를 만들어서 직접 운영해보는 활동은 개발자로 성장하는 데 가장 좋은 영양분이 될 것이다.

　　세계의 IT 역사를 보면 우리의 삶을 혁신적으로 바꾼 제품과 서비스의 상당수는 젊은 학생들이 주도해 왔다. 구글은 1998년 9월 대학원생 두 명이 여자친구의 차고를 빌려 창업한 검색 업체로 시작했다. 이 검색업체는 불과 6년 뒤 세계적인 IT 기업으로 성장했다. 또 다른 세계적 IT 기업인 애플은 어떠한가. 애플의 영혼이라고 할 수 있는 스티브 잡스는 1955년생이다. 그가 워즈니악과 애플 컴퓨터를 창업한 해가 1976년이다. 불과 20세 초반에 애플을 설립했던 것이다. 이후 애플 I, II 컴퓨터가 차례로 대박을 터트리며 지금 애플의 전신이 되었다. 국내의 창업 스토리에서도 젊은 창업자를 흔히 찾아볼 수 있다. 국내 IT 업계를 주름잡는 기업을 창업한 사람의 다수는 매우 젊은 나이에 지금의 기업을 일구기 시작했다. 넥슨의 김정주 대표는 게임업계의 역사라고 부를 수 있는 개발자인 송재경과 김상범, 이민교 등과 함께 1994년 넥슨을 창업하였다. 특히 핵심 개발을 책임지던 송재경은 대학 시절부터 바람의 나라, 리니지, 아키에이지 등 왕성한 개발 활동을 하면서 수많은 대기업을 탄생시킨 장본인이다.

이런 말을 하면 그때는 기회가 많았던 시기라고 말하며 지금은 다르다고 진작에 체념하는 사람들이 있다. 하지만 그때에 드론이 있었는가, 아니면 블록체인 기술을 이용한 가상화폐가 있었는가? 인공지능이 이렇게 활발한 시기도 아니었으며 핀테크가 존재하던 시기도 아니었다. 창업이 쉬운 것은 아니지만 그때보다 딱히 더 어려운 환경도 아니다.

어떻게 보면 국내 대학교의 학사 시스템과 커리큘럼은 개발자 양성에 있어서는 몹시 비효율적이다. 군대를 포함해 6년 이상을 대학에서 보내는데 졸업 때까지 IT 서비스 제작을 한 번도 체험해보지 못한다는 것은 참으로 안타까운 일이다. 개발자의 기술력은 책을 보고 지식을 습득하는 것만으로는 높아지지 않는다. 반드시 체득의 과정이 있어야 한다.

수영으로 쉽게 예를 들어보자. 동영상과 책으로 수영법을 배우는 사람이 있다. 이 사람이 실제로 수영을 잘한다고 볼 수 있겠는가? 그렇지 않다. 이론을 이해하고 외우는 것과 직접 해보는 것에는 큰 차이가 존재한다. 개발 또한 그렇다. 책을 보고 지식을 얻는 과정만으로는 기술력을 쌓을 수 없다. 직접 몸으로 부딪치며 개발해보는 과정이 반드시 필요하다.

더군다나 개발은 간단한 일이 아니다. 개발자는 어떤 서비스 한 가지를 개발할 때 알아야 할 분야가 너무나도 많다. 그렇기에 실전 경험이 더욱 중요한 것이다. 웹 서비스의 경우 게시판 하나를 만드는 데만 해도 HTML, 자바스크립트, JQUERY, JSP, 자바, DATABASE

QUERY, 스프링의 기술을 모두 알고 있어야 한다. 여기서 어떤 웹 서버를 이용할지, 각 웹 서버의 스펙과 특성, 설정법은 어떻게 되는지를 알고 있어야 하며 배포를 위한 배포 시스템도 알아야 한다. 데이터베이스의 경우 구체적인 튜닝과 설정법은 모르더라도 기본적으로 개발을 위해 필요한 설치 및 데이터베이스별로 다른 쿼리 작성법 등을 대략 알고 있어야 프로젝트를 수행할 수 있다. 이 기술들의 스펙을 알고 있다고 해도 이 모든 걸 적절히 이용해서 연동하는 문제는 그리 간단하지 않다. 각 프로젝트나 서비스별로 요구 사항과 특성이 다르기 때문에 개발법을 특정할 수 없기 때문이다. 이런 상황이니 수십 년의 개발 경력을 가지고 있어도 다양한 부분별 기술을 모두 알고 있는 개발자는 극히 드물다. 이 기술들을 자유자재로 조합하고, 서비스 도입 시의 장단점을 진단할 수 있는 개발자는 찾아보기가 더욱 힘들다.

이런 상황에서 IT 인력 양성을 목표로 하는 대학교의 커리큘럼은 큰 아쉬움으로 다가온다. 학사과정 4년간 이 서비스들의 기술을 익히는 것은 불가능하더라도, 대학교를 수료하기 전에 혹은 그 이후라도 적어도 한 가지의 서비스를 처음부터 끝까지 만들어본 개발 경험이 있다면 후에 큰 도움이 될 것이다. 그렇기 때문에 학사 과정에서 실무에 능한 개발자가 학생들을 대상으로 각자 창업 아이템을 선정하고 졸업 전까지 고객 서비스를 오픈하여 실질적인 수익을 도모해보는 교육 과정이 필요하다. 하지만 국내에서 이런 교육을 시도하는 곳은 없기 때문에 개발자로서 습득하는 경험치는 오로지 개개인의 몫으로 남는다. 앞으로 이런 학사과정의 문제점을 정치계와 교육계에서 인지하여 전문 양성과정이 세워지길 희망한다.

개발자의 성장 그래프

개발자의 대부분은 학사과정을 거쳐 사회로 나오지만, 그보다 늦은 나이에 소프트웨어 개발을 시작하는 사람들도 많다. 소프트웨어 개발은 그만큼 진입장벽이 낮다는 얘기다. 특정 자격증이 없어도 되고(심지어 정보처리 기사 자격증이 없어도 된다), 학벌도 중요하지 않으며, 프로그래밍 학원에 등록하고 취업을 하면 국가 지원금까지 받을 수 있다. 실제로 과거 정부에서는 실업률을 낮추기 위해 정부 차원에서 IT 개발자 양성을 장려한 적도 있다. 그만큼 시작하기 쉬운 직종이 바로 프로그래머다. 하지만 도중에 이탈하는 사람들이 많다. 자신의 적성과 맞지 않아서 그만두기도 하지만, 끊임없이 공부를 해야 하는 현실을 버겁게 여기고 포기하기도 한다. 실력이 뛰어난 어린 친구와 일을 하다가 기술격차로 인한 자격지심을 이기지 못하고 그만두는 사람도 있다. 또 아직 부족한 기술력으로 프로젝트에 투입되었다가, 힘겨운 일정을 무리하게 소화하면서 몸과 마음이 망가져서 이탈하는 개발자도 많다.

필자는 이런 개발자들을 볼 때마다 안타까웠다. 끊임없이 노력해서 기술력을 쌓는다면, 그 결과에 배신당할 일이 절대 없는 것이 이 직종이기 때문이다. 업계 특성상 소프트웨어 개발 프로젝트가 주류인

IT 개발자의 거의 모든 것

데, 나 자신이 뛰어난 개발자라면 어떤 프로젝트이든 내가 속한 프로젝트가 즐겁고 안정적일 가능성이 높다. 자연히 인간관계도 좋아질 것이며, 성취감 또한 높아질 것이기 때문에 삶의 질도 훌륭해진다.

그렇다면 뛰어난 개발자란 어떤 사람을 말하는가? 사회 초년생 뿐 아니라 개발 분야에 뒤늦게 들어온 사람들도 얼마든지 뛰어난 개발자로 성장할 수 있다. 이제부터 그 방법을 알아보자.

일을 잘한다는 기준은 존재하지 않는다. 그저 그것을 받아들이는 사람에 따라 상대적인 차이가 존재할 뿐이다. 그렇다면 자신이 일을 못한다는 기준점은 어떻게 이해해야 하는가? 다음은 자신의 직속 상관의 기대치와 나의 기술력 간의 격차를 보여주는 그래프다.

〈직장인 기술그래프 1〉

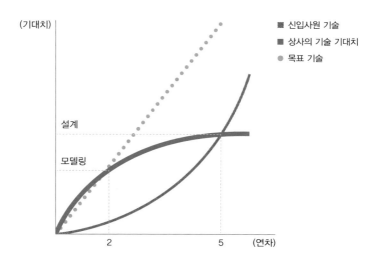

위의 그래프에서 초록색 선은 일반적인 직장 관리자 즉, 상사의 기대치를 뜻한다. 회색 선은 일반적인 직장인 개발자의 기술 발달 사항이다. 점선에 대해서는 잠시 접어두자. 이 그래프를 강하게 비판하는 사람도 있을 듯하다. 아래에 표시된 2년 차, 5년 차에 대한 기준점 때문이다.

소프트웨어 업계에는 일종의 기대치가 존재한다. 관리자든 대리급이든 위의 그래프는 우리나라 소프트웨어 업계에서 보통 요구하는 일종의 기준점이다. 사실 2년 차의 개발자가 모델링을 능숙하게 잘한다고는 할 수 없다. 심지어 5년 차에 들어섰을 때 설계를 유창하게 구사하는 것도 어렵다. 이것은 어디까지나 기대치이다.

우리나라는 개발 역사가 짧다. 야근과 철야를 통해 짧은 일정 동안 대단히 많은 분량의 일을 수행했던 개발자들이 현재 주요 관리직을 차지하고 있다. 그들은 40~50대로 20~30대의 주요 대리급들을 관리하는 위치에 있을 가능성이 높다. 이런 상황에서 대부분의 관리자는 그 아래 세대의 개발자들에게 아무런 설명 없이 암묵적인 역할을 강요하는데, 그 이유는 앞서 신입사원의 사례에서 살펴본 바 있다. 이들은 짧은 개발 역사를 거쳐오는 동안 부족한 실력이나 모자란 자원을 시간이라는 자원으로 모두 대체해왔는데, 그 사실을 자신이 젊은 시절에 가졌던 기술력으로 착각하기도 한다. 예를 들면 "내가 왕년에는 이런 것들을 일주일에 모두 끝낸 적이 있어"와 같은 이야기 말이다. 물론 모든 개발자가 그렇지는 않다. 하지만 당시의 국내 개발 환경은 지금과는 비교도 안 될 정도로 열악했다. 인터넷과 구글

　　　　　　　　　　　IT 개발자의 거의 모든 것

의 사용이 지금처럼 쉽지 않았고 참고 자료도 훨씬 적었다. 또 오픈 소스들이 매우 부족했고 프레임워크들도 훨씬 이전 세대였기 때문에 불편했으며 안정성도 떨어졌다. 시대의 개발 패러다임 측면으로 봤을 때는 그때는 그렇게 하는 것이 답이었다고 할 수 있다. 하지만 지금은 세대가 바뀌었고 패러다임도 모두 바뀌었다. 짧은 개발 역사의 잔재들이 아직도 남아 지금과 같이 신·구가 공존하는 개발 문화가 형성되어 있는 것이다.

다시 직장 생활로 돌아가 보자. 우리나라의 관리자급 개발자들은 입사한 신입이 2년 차가 됐을 때는 지시했던 모듈 중 한두 개는 자신의 마음에 쏙 들게 코딩해주길 원한다. 또 5년 차를 넘어 6년, 7년 차쯤 되면 프로젝트 수행 시 자신의 오른팔처럼 설계면 설계, 코딩이면 코딩, 문서면 문서를 물 흐르듯 처리해주길 바란다. 우리나라 정서상 35살 정도면 회사에서 자신만의 색을 가지고 주체적인 역할을 수행해야 한다고 생각하기 때문이다. 문제는 그런 기술력을 쌓아가는 직장인을 찾아보기 쉽지 않다는 것이다. 이건 어디까지나 윗사람들의 바람이지 현실적으로 그 정도의 기술 수준을 갖기란 어려운 일이다. 하지만 여러분은 그런 직원들이 실제로 존재하는 걸 목격할 수 있을 것이다. 어느 조직이나 뛰어난 직원 한두 명 정도는 존재하기 때문이다.

위의 그래프에서 회색 선을 다시 한번 살펴보자. 이 회색 선은 일반적인 신입의 기술상승 그래프이다. 기술력은 처음부터 직선으로 상승하지 않는다. 기술력이 쌓일수록 구글링이나 책을 통해 지식을 습득하는 쓸데없는 시간이 줄어들고 자신이 알고자 했던 기술만 집중적으로 습득할 수 있는 능력이 생긴다. 또 어느 정도 전반적인 기술을 이해하게 되면 신기술이나 미처 체득하지 못한 기술들도 훨씬 빠른 속도로 습득할 수 있다. 그래서 개발 초반 1, 2년에는 야근과 철야를 밥먹듯 해가며 일을 해도 상사의 한없이 높은 기대치를 충족시키기 어려운 상황이 종종 벌어진다. 심지어 상사의 기대치와 실제 기술력의 격차가 더 벌어지기도 한다. 재미있는 사실은 5년 차가 넘어서서 상사의 만족도를 70~80% 정도 충족시키게 되면, 상사는 그 이상을 기대하지 않는다는 것이다. 윗사람들은 현재 진행하는 프로젝트들이 무리 없이 수행될 정도가 되면 하위 직원에게 그 이상의 기술을 요구하지는 않는다.

앞서 살펴본 직장인 기술 그래프는 대학을 졸업한 후 IT 기업에 취직한 개발자의 기술 그래프였다. 하지만 보통은 오른쪽과 같은 기술 그래프인 경우가 훨씬 많다. A처럼 자신의 성격이나 성향에 따라 느리고 단단하게 성장해 가는 경우도 있고, B와 같이 전혀 다른 일을 하다가 더 늦게 개발을 시작하는 사람도 많이 존재한다. 이런 경우 개발 초년생들 중 상당수가 이 직종을 포기하는 걸 볼 수 있다.

앞서 살펴본 경우와 달리 그래프 2에서는 상사의 기대치와 신입의 기술 격차가 거의 두 배 이상 차이가 난다. 잘 성장해가는 개발 초년생(A)도 마음에 온갖 상처를 입으며 기술을 익히는데 이렇게 남들보다 늦게 시작한 개발 초년생(B)의 심적 부담감은 정말 이루 말할 수 없을 것이다. 기술은 마치 무협지 주인공들의 무공처럼 윗사람들

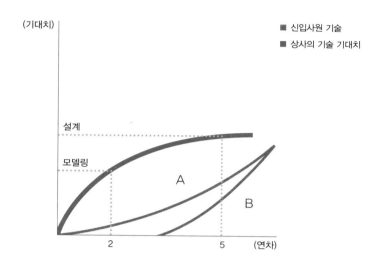

〈직장인 기술그래프 2〉

에게 금세 낱낱이 까발려지기 때문이다. 심성이 바르지 못한 상사는 대놓고 다른 개발자와 비교하며 핀잔을 주기도 한다. 두 배 이상으로 노력해도 잘 성장하는 개발자를 뛰어넘기는 쉽지 않다. 고작 2~3년의 격차 때문에 많은 개발자들이 이탈하는 건 참으로 안타까운 일이 아닐 수 없다.

하지만 이것은 회사 일을 꾸준히 한다는 가정하에서 하는 이야기다. 다시 〈직장인 기술그래프 1〉의 점선을 살펴보자. 초년생이 저런 식으로 기술 성장을 이루어낼 수 있을까? 당연히 가능하다. 쉽다는 이야기는 하지 않겠다. 하지만 불가능하지 않다.

개발자가 중요시해야 할 요소는 코딩이 아니라 매력적인 서비스라고 했던 말을 기억하는가? 개발자로서 회사라는 조직에 몸을 담고 맡은 과제를 수행한다는 것은 결국 서비스를 구현한다는 의미이다. 자, 이 쉽고 단순한 진리에 따라 자신의 일을 잘 수행하는 직원을 주변에서 찾아보자. 모두가 자신의 역할을 잘 수행하고 있다고 생각할 수 있다. 하지만 근본적으로 이 서비스를 만들 때 필요한 모든 부분을 납득하고 고려하여 의견을 내고 부족한 부분을 능동적으로 채워나가는 사람도 있을까? 적어도 한 명은 무조건 있을 것이다. 바로 PM이다. IT 프로젝트에서 나의 직속상관은 PM일 가능성이 높다. 어떤 서비스를 만들어내기 위해서든 꼭 필요한 사람이기 때문이다. PM이 과제를 줄 때는 당연히 그 과제가 전체적인 서비스를 구현하는 데 없어서는 안 되는 요소라고 판단했기 때문이다.

그럼 여기서 PM이 생각할 수 있는 개발 역량에 대해 다음의 두 가지 사례를 살펴보자. 아래의 두 사례는 쇼핑몰 프로젝트 상황에서 일어나는 대화이다. 편의상 A, B라는 개발자에게 업무 지시를 한다고 가정하겠다.

PM : A씨가 만들었던 이전 페이지에서 주문을 수행하면 그다음 페이지인 이곳에서는 주문 결과 확인과 취소를 할 수 있어야 합니다.

A : 주문 결과 페이지 소스는 어디에 있나요? 참고할 수 있는 기능이나 컴포넌트는 어떤 걸 써야 하나요?

PM : 미리 만들어진 공통화 컴포넌트들을 사용하면 됩니다. 페이지 소스는 미리 알려줬던 파일서버에 있어요.

A : 열어봤더니 페이지에 다른 버튼들이 있던데 그건 누가 하나요?

PM : 미처 몰랐네요. 다음에 다시 알려줄게요.

A : 제가 알고 있던 기획 문서와 내용이 다르네요. 어떻게 하죠?

PM : 아, 그런가요? 잠시만요. (기획자를 부른다)

A : 그런데 이건 제 담당이 아닌 것 같아요.

PM : 그렇긴 한데, 이 화면에 대한 담당은 정해진 적이 없고 새로 나온 이슈라서 A 씨 쪽에서 담당하는 것이 맞을 것 같습니다.

A : 그럼 새로 추가되는 것 때문에 제 다른 업무가 지장을 받아요. 일정 조정을 해주세요. 그리고 이 기획의 변경이 마무리가 되면 그때 다시 알려주세요.

A는 매우 수동적이다. 어떻게 보면 똑 부러지게 일을 잘한다고 여길 수도 있다. 어떤 프로젝트에서나 PM은 전체 프로젝트의 자원을 관리하고 팀원이 해결하기 힘든 조율을 담당하는 경우가 많다. 이때 PM의 지시에 따라서 A가 실행해야 하는 일은 '주문 결과 확인과 취소가 가능한 페이지의 추가 개발'뿐이다.

나머지는 모두 A가 PM과 이야기할 필요가 전혀 없는 내용이다. 기획 문서를 위한 파일서버 위치, 기획 문서 검토, 기획자와의 의견 조율, 해당 파트 디자이너와의 재협의 일정 모두 개발 환경관리를 맡고 있는 사원이나 기획자, 디자이너와 해당 이슈들을 협의한 후 그 경과를 PM에게 보고하기만 하면 된다. 이번에는 B의 사례를 보자.

PM : B 씨는 이 페이지에서 국세청과 연동하여 현금영수증 발급을 처리해야 합니다.

B : 네. 알겠습니다. 현금영수증 국세청 연동을 담당하는 담당자의 연락처를 알려주세요.

(다음 날)

B : 현재 기획 문서의 미비로 디자인과 퍼블리시 일정이 하루 지연되어서 오늘 오후부터 관련 파일이 나온다고 합니다. 또 국세청 연동 담당자 말로는 연동 API 테스트가 아직 완료되지 않아서 내일부터 가능할 것이라는 답을 들었고요. 제 쪽에서 개발 가능한 연동 시점까지는 처리해두었습니다. 추가적으로 연동의 취소 부분이 필요할 듯한데 배정된 사람이 없는 것 같고 기획 역시 존재하지 않아서 PM님이 검토해주셔야 할 듯합니다.

PM : 알겠습니다. 해당 부분은 현업과 이야기해보겠습니다.

업무 난이도는 차이가 있을 수 있지만, B의 업무량은 A와 비교해 딱히 더 많지 않다. 이 사례에서 눈여겨보아야 하는 것은 프로젝트에 임하는 자세다. A와 같이 세세한 부분을 직접 챙기지 않는 개발자는 PM의 시간을 많이 빼앗는다. 반면 B는 이 프로젝트가 갖는 정체성을 정확히 판단하고, 해당 부분에서 일을 수행할 때 필요한 요소를 능동적으로 처리한다. 이 사례만 보아도 개발 능력에 대한 정의를 완전히 다시 이해할 필요가 있어 보이지 않는가?

그래서 필자는 기술력과 개발력을 구분해야 한다고 생각한다.

어떤 개발자의 개발력은 기술력만으로 평가할 수 없다. 어떤 프로젝트를 수행할 때 개발자는 한두 가지 능력만으로는 일을 제대로 수행할 수 없기 때문이다. B가 수행했던 업무에서 PM에게 보고하는 내용은 간단해 보이지만 수많은 능력이 드러나는 대목이다. 저렇게 말끔하게 PM에게 보고하기 위해서는 다음과 같은 능력을 갖추고 있어야 한다.

1. PM이 수행하는 역할과 각 파트 담당업무의 경계 파악
2. 대외계와 연동하기 위해 키맨^{keyman}을 찾아서 문제를 가장 명확하게 해결하는 능력
3. 자신이 개발할 수 있는 한계를 정확히 알아보고 수행해 낼 수 있는 기술적인 능력
4. 자신이 참여하는 서비스의 명확한 목표와 고객의 사용성을 고려한 적절한 위험 관리
5. PM이 먼저 요구하지 않아도 프로젝트에 필요한 요소를 미리 정리할 수 있는 주체성

한 발짝 더 나아가기 위한 다섯 가지 기술

다음은 필자가 꼽는, 소프트웨어 개발자가 프로젝트를 성공적으로 수행하기 위해 가져야 할 능력들이다. 이 다섯 가지 능력들은 프로젝트

상황에 따라 중요도가 달라진다. 하지만 한 가지는 확실하다. 전체에서 개발 기술력이 차지하는 비중은 20%가 채 되지 않는다는 사실이다.

1. 개발 기술력

프로젝트에 있어서 개발 기술력의 비중이 20%밖에 안 된다고 하지만, 그렇다고 개발 기술력이 중요하지 않다는 말은 아니다. 오히려 이 기술력은 프로젝트를 수행할 때 없어서는 안 될 필수 요소이다. 이 기술력이 부족해서 현업의 요구 사항을 충족시키지 못하면 프로젝트 자체의 존폐 위기를 맞기 때문이다. 그 때문에 개발 기술력은 마치 공기처럼 프로젝트에 기본적으로 녹아들어 있어야 한다. 그럼 이 기술적인 이슈에는 어떤 것이 있을까?

개발을 수행함에 있어서 기본적으로 개발 툴에 대한 이해도가 높아야 한다. 개발자들은 자신의 분야에서 사용하는 주요 툴뿐만 아니라, 자신이 주로 사용하지 않는 툴도 다뤄야 하는 경우가 상당히 많다. 예를 들면 데이터베이스 관리를 위해서는 ERD[Entity Relationship Diagram][2] 프로그램을 설치하고 사용하는 방법을 알아야 한다. 요즘은 프로젝트 관리를 위해 프로젝트 툴인 구글 프로젝트나 MS사의 프로젝트 관리 툴을 이용하기도 한다. 특히 웹 개발 분야의 라이선스를 사서 사용하는 제우스[JEUS] 관련 제품이나 웹스피어 같은 제품은 영

----

[2] ERD, 즉 개체관계도는 프로그램을 개발할 때 개발목적물의 구현을 위해 데이터의 추상화 과정을 거쳐 작성된 데이터의 집합도이다. 각각의 데이터 집합은 서로 1:1 혹은 N:N의 관계를 갖게 되는데 이를 효과적으로 시각화하기 위한 도구이다.

문 매뉴얼을 읽고 직접 서버 설정을 해야 하는 경우도 있다. 이 과정에서 리눅스 같은 운영체제의 사용법을 숙지해야 하는 것은 말할 필요도 없다. 여러 툴을 능숙하게 다룰 줄 안다면, 구체적인 비즈니스를 구현할 때 수많은 업무 이슈를 무리 없이 소화할 수 있을 것이다. 만약 프로젝트 팀원 중에 여러 기술에 능통한 개발자가 있다면 PM 입장에서는 마치 여포를 곁에 둔 조조처럼 두려울 게 없을 것이다.

2. 커뮤니케이션 능력

사실 개발자는 기획자가 만들어준 문서와 기획서에 따른 디자인 파일을 보고 해당 기능을 구현해 넣으면 그만이다. 어떻게 보면 대화조차 필요 없는 분업화된 시스템이라고 할 수 있겠지만, 이것은 어디까지나 능숙한 팀원들과 일할 때의 얘기다. 모든 팀원들이 일을 잘하지는 않기 때문이다. 개발자가 결국 디자인과 기획 문서를 다시 한번 검토해야 한다. 기획안이나 디자인적인 부분을 개발 측에서 모두 수용할 수 없는 일도 다반사다. 또 개발 일정을 고려하지 않고 적용된 수많은 요구 사항에 대해서는 개발자가 현업에게 논리적 반론을 제기해야만 한다. 개발자는 이 과정에서 최대한 쉽고 납득할 만한 논리로 부드럽게 대응하는 것이 중요하다. 기술을 잘 알고 있는 개발자들은 프로젝트를 같이 수행하는 비개발자들을 어떻게 이해시킬 수 있을지 고민하게 된다. 그 고민의 과정을 피해 갈 수는 없다. 개발자의 말 한마디 한마디가 문서화될 수 있기 때문에 주의를 기울여야 한다. 프로젝트에서 현업과 개발자는 엄연한 계약 관계이기 때문이다.

3. 리더십

리더십은 직종을 가리지 않고 모두에게 필요한 덕목이다. 개발자에게 리더십이 없다면, 팀이 흔들릴 가능성이 커진다. 리더는 다른 말로 표현하면 손해 보는 자이다. 누군가에게 따르고 싶은 마음을 얻는 사람은 대체로 무언가 가치 있는 유무형의 요소를 나누어 주는 경우가 많다. 어떤 목적을 가지고 움직이는 팀 안에서 그 목적을 달성하기 위해 제안된 일거리의 상당수는 담당자가 지정되지 않았거나 그 경계가 애매한 경우가 많다. 이런 요소들은 수면 위로 드러날 때까지 숨어 있다가 어느 순간 프로젝트 일정을 난도질하는 경우가 많은데, 이런 요소들을 대가 없이 처리하는 사람이 있다. 이 사람은 위기를 마주할 때마다 은연중에 모두를 독려하고, 자신을 희생하여 일을 마무리 지어주기도 한다. 리더십이 뛰어난 사람은 그 과제가 끝날 때 드러나기 마련이다. 본인이 미처 자각하지 못했더라도 말이다.

우리나라처럼 개개인의 개발자에게 강하게 의존하는 IT 프로젝트 환경에서는 개발자에게 리더십이 필수다. 하지만 프로젝트를 이끌어가기 위해서는 다른 여러 능력들도 필요하다. 능숙한 개발력과 커뮤니케이션 능력도 동원된다. 그리고 무엇보다 과업을 여유 있게 소화할 수 있어야 프로젝트에서 리더십을 발휘할 수 있다. 프로젝트에서 동일한 노력을 하고도 리더십을 얻지 못하는 사람들도 있는데 그런 사람들은 과제가 끝나면 만신창이가 돼있다. 팀원들은 그를 리더로 따르기보다 위로해줘야 하는 팀원으로 여긴다. 그런 경우 리더십을 갖고 있다고 할 수 없다. 또 그렇게 자신을 희생하여 프로젝트에 헌신해서도 안 된다. 자신의 희생으로 프로젝트를 살려내는 행위는 IT 시장의 건강을 해치는 결과로 이어지기 때문이다. 만약 자신이 리더십을 가지고 프로젝트를 잘 수행했다면 그로 인해 프로젝트는 큰 안정감을 갖고 진행될 것이다. 프로젝트 내의 보이지 않는 수많은 리스크들이 각자가 깨닫지도 못하는 새 사라지고 기술적인 두려움 없이 심적인 안정감을 찾게 되니 서로가 얼굴을 붉힐 일도 사라진다. 이렇게 여유가 생기면 자신의 일이 아닌 것도 도와줄 수 있는 여유로운 상황이 된다. 결국 전체적인 프로젝트의 품질이 좋아진다. 프로젝트의 팀원은 어떤 이유로 프로젝트가 여유로운지 잘은 몰라도 당신을 믿고 따르는 든든한 아군이 돼 있을 것이다.

4. 개방성

예전에 한 중소기업에서 수주한 프로젝트를 수행하던 도중, 자체적으로 개발한 개발 솔루션을 도입하여 진행한 적이 있다. 해당 프로젝트는 중요한 고객의 프로젝트였다. 그래서 개발 솔루션을 만든 책임자가 직접 프로젝트에 투입됐다. 이 솔루션 책임 개발자는 자신이 주축이 되어 개발한 솔루션에 대단한 자부심이 있어서 많은 이들에게 그 뛰어남을 종종 설파했다. 하지만 프로젝트의 설계 기간에 기초공사를 진행하는 도중 자체 솔루션에서 제공하는 기능함수들인 API들이 너무 낮은 레벨로 제작되어 생산성이 떨어지자 이 API를 이용해 좀더 효율적인 API 묶음 클래스를 제작하는 것을 보고 솔루션 책임 개발자는 매우 화를 냈다. 제공되는 API를 이용하여 개발하면 되는

데 왜 또 다른 모듈들을 개발하느냐 말이었다. 그 프로젝트의 새 API 모듈을 제작하던 실무자인 PL은 이 프로젝트에서만 사용되는 특정 설정들은 모두 공통으로 반복되어 사용되기 때문에 한 번 더 클래스를 이용해 묶어서 쓸데없이 반복되는 소스코드를 줄여야 한다고 주장했다. 솔루션 개발자는 이후로도 그 문제에 대해 의견을 굽히지 않고 사사건건 모듈링을 방해했다. 결국 그 개발자를 본사로 복귀시키고 나서야 다시 프로젝트가 원활히 진행됐다.

많은 개발자들은 자신이 가진 기술을 맹신하고, 잘 모르는 기술은 무조건 배척하려는 경향이 있다. 그 마음의 저변에는 다른 라이브러리나 개발 기술을 도입할 경우 지금도 힘겨운 일정이 더욱더 힘들어질 수도 있다는 자기방어적인 이유가 섞여 있다. 새로운 것을 받아들일 때 또다시 공부해야 하는 부담감 때문에 기피하는 경우도 있다.

이는 피해서 될 일이 아니다. 새로운 기술을 도입하거나 개발할 경우 그 기술에 대한 선행 학습은 빼놓을 수 없는 과정이며 그 일정이나 자원은 마땅히 지원받아야 하는 것들이다. 또 습득한 적이 없는 신기술을 도입하는 과정은 수많은 위험 요소를 동반하기 때문에 그러한 문제를 빠짐없이 제기하고 해당 자원을 습득한 후 진행하면 된다. 새로운 것을 도입해보려는 개발자의 용기가 필요할 뿐이다. 물론 그런 것을 도입할 때 회사에서는 필요한 자원을 충분히 지원해줘야 할 것이다.

5. 잉여성

많은 개발자들이 이 잉여성에 대해 이해를 하지 못한다. 하지만 필자는 앞에 명시했던 네 가지보다 이 잉여성을 더 중요하게 생각한다. 잉여력은 잉여짓이나 뻘짓 같은 과외의 활동을 할 수 있는 능력이라고 널리 이해되고 있다. 이 단어는 인터넷에서 시작되어 고유명사처럼 굳어진 말인데, 사람들이 대단히 많은 시간을 들인 것 같은 개성 넘치는 자기만의 창작물을 인터넷상에 공유하며 사용됐다. 개발자에게 있어서 이 잉여력은 굉장히 중요한 역할을 하는데, 이는 잉여력이 삶에 미치는 영향력 때문이다.

잉여성은 행복에 관한 힌트를 제공한다. 개발자라는 직업에서 잉여력이 발휘되는 상황을 생각해보면 답이 쉽게 나온다. 많은 개발자들은 개발이라는 분야에 대해 제법 즐거움을 느끼고 있다고 말한다. 결국 개발이라는 행위 자체가 개발자에게는 놀이가 될 수 있다는 이야기다. 이런 개발자들은 시간이 남을 때 휴식을 취하다가 싫증을 느끼면, 평소에 관심은 있었으나 보지는 않았던 신기술 개발 서적을 뒤적거리기 시작한다. 이마저 싫증이 나면 자신이 관심 있던 분야를 기웃거리다가 취미 생활처럼 서비스 개발을 하는 경우가 있다. 개발자에게 놀이이자 공부인 개발은 남는 시간에 하는 트레이닝이자 새로운 수익원으로 변모한다. 이 잉여력 넘치는 개발물은 오로지 자기만의 영역이기 때문에 개발자에게 유쾌함을 안겨준다. 그 개발물은 개인에게 눈에 띄는 실력 향상을 가져다줄 것이다.

모바일 앱에는 인디게임이라는 카테고리가 있다. 인디게임 개발은 마음이 맞는 개인 개발자 몇몇이 모여서 조그마한 게임을 만드는 것을 뜻한다. 전문지식을 제대로 갖추고서 수익을 목표로 하는 개발자들도 제법 있지만, 구글 앱스토어의 게임들을 훑어보다 보면 스크린샷만 봐도 웃음이 나는 졸작들도 많다. 딱히 돈을 바라지 않고 자신의 잉여력과 상상력만으로 만든 개성 넘치는 창작물이 대부분을 차지한다.

이렇게 시작된 창작활동에서 개발자는 모든 이슈를 혼자 해결해보게 된다. 어떤 앱을 만들 때는 하이브리드 방식으로 개발에 필요한 서버 디자인부터 서버 설치 및 데이터베이스 운용, 안드로이드 클라이언트 개발과 HTML, 자바스크립트, CSS, 포토샵 등도 해야 하고 운영을 위해 클라우드 서비스도 설정해봐야 하는 데다가 리눅스 환경도 다룰 줄 알아야 한다. 물론 중간에 너무 힘들면 포기해도 된다. 중간에 포기를 하든, 끝까지 가든 절대 손해 볼 일은 없을 것이다. 실력은 고스란히 남을 테니까.

잉여력이 어떻게 프로젝트에 필요한 능력이 될 수 있냐는 의문이 들 수도 있다. 맞는 말이다. 필요한 능력이라기보다 그런 상황을 만들어 내는 능력이라고 해야 맞겠다. 우리나라의 IT 프로젝트는 비용 문제를 지나치게 중시해서 프로젝트 비용을 최대한 절감해야 한다는 생각이 강하다. 그로 인해 프로젝트 관리자는 항상 최고의 효율을 생각하게 되고, 개발자들이 잠시라도 쉬는 걸 용납하지 못한다. 이런 상황은 결국 다음과 같은 결과를 만들어 낸다.

여러분이 만약 케이크를 만든다고 가정해보자. 케이크가 개당 1만 원인데 만드는 족족 모두 팔린다. 판매자 입장에서는 무조건 노동자가 많이 만들어내기만 하면 이득이다. 케이크의 맛, 생김새, 크기

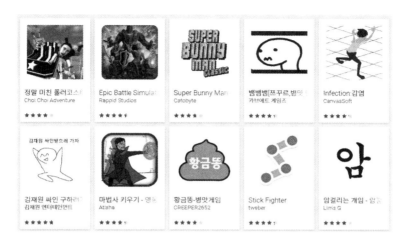

▶ 구글 플레이 스토어에 올라와 있는 개인 개발자들이 만든 수많은 게임들.

는 상관이 없다. 그저 많기만 하면 된다. 케이크를 만드는 숙련도가 올라가서 만드는 속도가 빨라지니 노동자는 쉬엄쉬엄 일하기 시작한다. 케이크 하나를 만드는 시간이 짧아지자 관리자는 개당 제조 시간을 줄여 버린다. 시간이 줄어들자 숙련자는 동일한 상품을 같은 시간에 더욱 많이 만들지만, 새로 들어온 노동자는 당황한다. 결국 케이크는 더욱 작고 더욱 못생겨졌으며 더욱 맛이 없어졌다. 하지만 가격만을 중시하는 고객과 가격경쟁력만을 고민하는 관리자는 이런 상황에 도무지 관심이 없다.

　　여기서 중요한 한 가지는 케이크의 맛을 더욱 좋게 만들고 그 모양새를 훨씬 아름답게 만드는 잉여 노동력이 단순히 케이크 한 개를 만드는 노동력을 상회한다는 것이다. 최고의 품질을 위해서는 단순히 만드는 것 이상의 고급 노동력과 재화가 투입되는 게 당연한 법이다. 품질이 높아질수록 그 값어치는 올라가기 마련이다. 값싼 효율성만을 중시하면 영원히 싸구려 품질의 프로그램밖에 얻을 수 없다는 이야기다.

프로젝트에서 여유롭게 개발을 마무리한 개발자는 남는 시간에 휴식을 취하며 시간을 보낼 수 있다. 우리의 뇌는 컴퓨터처럼 작동하지 않기 때문에 자신이 작성한 프로그램이 완료되자마자 곧바로 고도화하고 버그를 찾아내 수정할 수 없다. 또 지쳐 있는 뇌는 지금 당장 문제가 발생하지 않으면, 깊숙한 곳에 숨어 있는 버그를 발견하고도 수정하지 말아야 하는 이유를 스스로 만들어낸다. 휴식시간 동안 충분히 여유를 취한 후에야 뇌는 비로소 이 버그가 근본적인 문제점을 가지고 있다고 느끼고, 모듈을 수정할 수 있는 잉여력을 발생시킨다. 이는 아주 탄탄한 개발물의 토대가 된다.

시간 쪼개기

———

뛰어난 개발자로 성장하기 위한 요소들을 살펴보았다. 어떻게 이러한 요소들을 습득할 수 있을까? 공부에는 왕도가 없듯 개발자에게도 왕도는 없다. 그저 수많은 서비스를 스스로 개발해보는 것밖에 방법이 없다. 여기서 말하는 서비스는 회사에서 진행하는 프로젝트뿐만 아니라 자기 자신만의 서비스를 개발하는 것을 말한다. 굳이 투잡이라고 표현하지는 않겠다. 세상에는 돈을 목표로 하지 않는 유쾌한 프로그램이 굉장히 많기 때문이다.

　　자신만의 서비스를 끝까지 개발해보면 회사에서 수행하는 프로젝트들이 자신의 프로젝트와 크게 다르지 않다는 사실을 알게 된다. 게다가 자신의 분야가 아니었던 CSS나 HTML 등이나 혹은 C언어 안드로이드 등을 공부하게 되기도 한다. 운영에도 감이 생겨서 개발할 때 어떤 점을 고려하면 이득이 있을지도 깨닫게 된다. 이처럼 자신만의 개인 프로젝트를 수행하다 보면 다방면의 경험이 쌓이게 될 것이다. 또한 자신이 해본 프로젝트의 일부만을 포함하는 회사의 프로젝트는 매우 쉬운 일거리라는 사실을 깨닫게 될 것이다. 이런 경험을 많이 한 개발자가 실무 프로젝트의 경험까지 많이 쌓게 되면 다음의 예에 등장하는 T와 같은 개발력을 갖게 된다.

10년 차 프리랜서 이야기

XX 은행 방카슈랑스 프로젝트에 합류한 T는 10년 차 프리랜서 개발자이다. T는 이전 프로젝트 종료에 맞추어 XX 은행의 방카슈랑스 프로젝트 일반 업무 담당 개발자로 투입됐다. 프로젝트는 이미 2달이 지난 상황이고 프로젝트 기간은 3달여가 남아 있다. 하지만 말이 3달이지 테스트와 인수작업까지 계산하면 2달 정도가 개발 상한선이라고 T는 생각했다. 설계가 끝나고 개발이 진행돼야 하는 단계지만 T를 포함한 업무개발자들은 화면 개발 업무를 쉽사리 진행하지 못하고 있었다. 화면에서 사용하는 구현 요소의 공통화 컴포넌트가 한두 가지밖에 지원되고 있지 않기 때문이다. 회의에서 문제를 제기했지만, PM은 공통 개발자의 편을 들어주며 지원되지 않으니 각자 개발하라는 답을 주었다. 문제는 또 있다. 외부에서 이 프로젝트로 각종 외부 상품 데이터를 전달하는 부분이 있는데 이 부분은 외부 클라이언트들의 요구사항에 따라 기술 난이도가 크게 차이가 난다. 하지만 PM이 제공한 WBS 일정에는 해당 부분이 그냥 업무 개발자 중 한 명에게 몰아서 배정되어 있다. PM은 외부 인터페이스 기술 수준에 대한 경험이 없는 듯하다. 이대로 일정을 방치한다면 업무 개발자들의 개발 퍼포먼스는 현저히 낮아질 것이며, 프로젝트의 가장 중요한 요구사항 중 하나인 외부 방카상품 연동은 지연이 불가피해 보인다. 업무개발자들의 기술력이 이 요건에 미치지 못한다는 생각이 들기 때문이다.

T는 PM과의 면담을 요청했다. 개인 면담 자리에서 PM은 속내를 내비쳤다. 사실 아키텍쳐를 담당하는 PL은 공통화 컴포넌트 제작 능력이 부족하여 진행을 할 수 없는 문제가 있고, 외부 연동 인터페이스의 경우 PM과 PL의 기술적인 미숙함과 경험 부족으로 인해 위험인자를 인식조차 못 하고 있다는 것이었다. T는 공통화 컴포넌트를 자신이 일주일 동안 제작하여 배포하고, 그동안 업무 개발자들은 잠시 업무를 중단하고 지금부터라도 인터페이스 연동 구현 분석을 시작하는 해결책을 제안했다. 제안은 받아들여졌고, 인터페이스를 개발하는 역할은 PL에게 돌아갔다.

결국 공통화 컴포넌트의 고도화로 인해 개발 소스 양을 기존의 3분의 1까지 줄일 수 있었고 전체적인 안정성도 높아졌다. 또한 인터페이스 구현에 대한 실체가 드러났고 개발 노동력을 가장 많이 필요로하는 일정으로 WBS가 재조정됐다. 뒤늦은 분석으로 인해 이 연동을 이용하는 타 시스템들의 테스트가 시작되었을 때 준비되지 못하고 2주가 지연되었다. 그러나 타 프로젝트가 종료될 때까지 연동 시스템을 준비도 못 할 뻔했던 초기 상황과 비교해보면, 훨씬 나아진 것이었다.

프로젝트는 공통 컴포넌트의 안정성이 높아져서 테스트 기간을 반으로 줄일 수 있었다. 그래서 높은 난이도로 인해 개발에 어려움이 많았던 연동 시스템에 자원을 조금 더 할당할 여유를 얻었다. 그로 인해 납기일까지 연동 시스템도 무사히 오픈을 했고, 잦은 야근이나 철야 없이 즐겁게 프로젝트가 마무리됐다. 지금도 종종 연락하는 당시 PM이 사실 대단히 유쾌한 사람이라는 것을 뒤늦게 알게 되어, 지금은 친구처럼 술잔을 기울이기도 한다.

보통 일반 업무 개발자로 프로젝트에 참여한다면 전체적인 설계나 분석과 같은 머리 아픈 역할은 수행하지 않는다. 프로젝트에 사공이 많아져 자칫하면 산으로 갈 수 있기 때문이다. 하지만 위의 상황에서 개발자들이 아무런 문제를 제기하지 않고 프로젝트가 진행됐다면, 3달 차부터는 끔찍한 야근과 철야, 현업의 압박에 시달려야 했을 것이다. 예시에서 우리는 T가 기술력과 커뮤니케이션 능력, 리더십과 개방성을 가졌다는 것을 쉽게 알 수 있다. 이런 특성을 가진 사람들은 탁월한 프로젝트 관리 능력 덕분에 잉여 시간을 많이 누리게 된다. 여기에서 주목할 사실은 이러한 개발자가 단지 기술력과 일 처리 능력이 탁월해서 잉여 시간을 만들어 낸 게 아니라는 것이다. 성실하고 끈기 있는 사람이 자신의 무기를 꾸준히 갈고 닦아 기술력을 높임으로써 그 잉여력을 쟁취해냈다고 말하는 게 맞다. 어떤 프로젝트에서 뛰어난 개발자와 일을 하게 되고 그 결과 프로젝트의 안정성이 보장되었다면 그것은 뛰어난 개발자가 과거에 기울인 노력 덕분이라는 얘기다. 개발자의 이런 노력은 다시 프로젝트 전체 참여인원의 잉여력을 발생시키게 되고 더 큰 자기 발전의 기회를 제공하는 선순환을 일으킨다.

위에서는 프리랜서를 예로 들었지만, 정규직도 크게 다르지 않다. 앞에서 살펴보았던 직장인의 기술 발달 그래프를 다시 꺼내 보자.

이제 그래프의 점선에 대해 이야기해보려 한다. 보통 신입사원은 회색 선과 같은 형태로 기술이 발달한다고 했다. 하지만 점선과 같은 기술 발달 선을 가질 수 있는가 하고 물으면 필자는 당연히 그럴 수 있다고 대답할 것이다. 이런 점선 그래프의 성장 패턴을 갖게 되면 관리자의 기대치를 항상 상회하면서 상급자가 주는 높은 기대치에 대한 스트레스에서도 벗어날 수 있다. 아무리 기술에 보수적인 관리자라도 그 년차수를 훨씬 상회하는 요구사항을 시키지는 않기 때문이다. 만약 사회 초년생이 IT 기업에 입사하고서 자신만의 서비

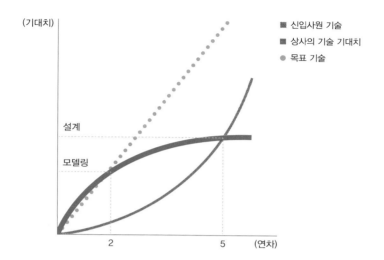

〈직장인 기술그래프 1〉

- ■ 신입사원 기술
- ■ 상사의 기술 기대치
- ● 목표 기술

(기대치)

설계

모델링

2   5   (연차)

스를 틈틈이 만들기 시작한다면, 아무 문제없이 위의 점선과 같은 기술 발달 선을 가지게 될 것이다. 이것은 특정한 사람에게 국한된 이야기가 아니라 누구에게나 가능하다. 미니 프로젝트를 시간을 쪼개 수행하다 보면 기술보다도 전체적인 프로젝트의 진행 과정에 대해 깨닫게 된다. 그렇게 되면 PM의 심정에 자신도 자연스럽게 동조하게 되면서 회사의 실무 프로젝트에서 대단히 강한 시너지를 발휘한다. PM이 말하지 않아도 일정상 필요한 요소들을 미리미리 갖추게 되니 직장 상사에게 신뢰와 예쁨을 받는 것은 덤이다. 그렇게 2년 넘게 꾸준히 미니 프로젝트를 수행하다 보면 자연스럽게 모듈링도 가능하게 된다. 5년 차에게 회사에서 요구하는 수준을 이미 3년 차쯤에는 대략 수행할 수 있게 된다. 실제로 그렇게 꾸준히 수행하다 보면 굵은 선의 직장 상사의 기술 기대치가 그다지 높지 않다는 것을 알게 될 것이다.

　개발자의 기술 발달의 핵심은 결국 시간 쪼개기에서 나온다고 볼 수 있다. 이 시간 쪼개기는 다시 말하자면, 꾸준함이라고 표현 가능하다. 꾸준히 시간을 쪼개 자신의 프로젝트를 수행하지 않으면, 금세 직장 상사의 기대치가 개발자의 기술 발달 속도를 추월할 것이다. 하지만 꾸준히만 한다면 자신이 회사에서 수행하는 업무는 너무도 쉬워 여유롭게 회사생활을 수행할 수 있으며 야근 없는 에너지 넘치는 생활을 할 수 있다. 이런 생활은 개발자의 잉여력을 자극하며 다시금 새로운 서비스를 개발할 수 있는 여유를 만들어낼 것이다. 그러한 여유는 개발자의 실력을 더 높이게 된다.

　하지만 막상 직장 생활을 하는 개발자들의 이야기를 들어보면 이렇게 잉여력을 마음껏 발산할 만큼 몸과 마음이 여유롭지 못한 것 같다. 젊은 직장인들은 너무도 많은 것을 어깨에 짊어지고 있다. 초반에 직장에서 낙오되지 않으려면 상사의 드높은 기대치를 충족시켜야 한다. 그 때문에 개발자는 야근을 피할 수도 없고 술자리도 마다할 수 없다. 도무지 잉여력이 끼어들 틈이 없다. 각자의 힘든 현실을 이겨내고 있는 젊은 직장인들에게는 잉여력으로 자신의 생산성을 유지한다는 것은 정말 꿈같은 이야기일 수 있다. 처음에 쉽지 않다고 이야기한 이유가 바로 이 때문이다.

　이런 제약에도 불구하고 그렇게 해봐야 한다. 최대한 자기 체력을 유지하고 잉여력을 발산해야 한다. 어떻게 보면 모든 것은 자신의 마음 먹기에 달려 있다. 칼퇴근을 하는 것과 회사에서 틈이 날 때 쉬는 것을 두려워하지 말아라. 당신이 개발자인 이상 회사에서 노는 것이 단순히 노는 것이 아님을 명심하라.

2

프로젝트의
이해

사실 국내에서 망하는 프로젝트는 존재하지 않는다. 그 이유는 프로젝트 담당자가 문책을 피하기 위해 대외적으로는 모두 성공적인 오픈을 했다고 공표하며, 오픈일을 못 지킬 것 같으면 이를 지연시키고 지연에 따른 추가 인건비 발생을 감내하며 결국 오픈일을 맞추려 하기 때문이다. 이 때문에 오픈도 못하고 완전히 공중분해 되는 프로젝트는 거의 없다. 이렇게 일할 사람도, 자본도 모두 현격히 부족한 수행업체가 배상 지연금을 물게 되는 극한의 상황으로 내몰리지 않는 배경에는 일정을 맞추기 위해 밤을 새워가며 고군분투하는 개발자들이 있다. 하지만 이들을 성실한 개발자라고 부르기에는 모순이 많다. 올바른 프로젝트 시장의 성장을 위해서라면 누군가의 공짜 점심[3]은 사라져야 하기 때문이다.

국내 IT 프로젝트는 지식산업의 특성상 노동력을 수치화하기 어렵다. 여기에 따르는 문제점을 해소하기 위해서는 다양한 자격증명 수단들이 필요한데 IT는 딱히 세부적인 자격증이 존재하지 않는다. 오직 대학교에서 취득하는 정보처리 기사 자격증, 정보처리 산업 기사 자격증이 존재할 뿐이다. 그런데 이 자격증들만으로는 절대로 개발자의 능력을 측정할 수 없다는 것이 문제다. 그래서 프로젝트를 수행할 때 인력에 대한 구체적인 노동력 기준이 없기 때문에 전적으로 참여 개발자들에 대한 신뢰만으로 프로젝트가 진행된다. 만약 프로젝트 내에 유능한 개발자가 포진한 상태라면 매끄럽고 잡음 없이 프로젝트가 진행되지만, 그렇지 않다면 고성이 오가고 야근과 철야로 점철된 프로젝트가 될 공산이 크다. 그러나 이러한 상황들이 과연 성숙하지 못한 우리나라의 IT 업계 때문인가를 생각해 보면 꼭 그렇지만은 않은 것 같다. 문화 콘텐츠 사업 또한 이와 성향이 비슷하기 때문이다.

....

3 '공짜 점심은 없다'라는 말은 경제학자들이 기회비용 원리를 강조하면서 자주 인용하는 말이다. '공짜 점심'이란 개념은 미국 서부 개척시대 술집에서 술을 일정량 이상 마시는 단골에게 점심을 공짜로 주던 데서 유래했다. 하지만 바보가 아닌 다음에야 공짜로 먹은 점심값까지 술값에 포함돼 있음을 모를 사람은 없을 것이다. 내가 먹은 점심은 (나를 포함한 누군가가) 어떤 방식으로든 대가를 지불한 것이기 때문이다.

별에서 온 IT

예전에 인기리에 방영됐던 〈별에서 온 그대〉라는 드라마에서 남자 주인공은 시간을 멈추기도 하고 순간이동을 하기도 하며 극을 흥미롭게 이끌어 갔고 덕분에 기록적인 시청률을 올렸다. 우리나라의 드라마는 방영이 시작되면 일정에 쫓겨가며 나머지 방송 분량을 완성해 나가는 경우가 대부분이다. 때문에 도중에 변수가 생기고 작품의 길이가 애초 기획보다 길어지기도 하고 예산이 추가로 투입되기도 한다. 드라마를 제작하는 PD나 제작 감독은 배우들보다 연기를 더욱 잘하거나 지식이 더 뛰어나야 할 필요는 없지만, 전체적인 작품 제작을 총괄하는 능력이 탁월해야 한다.

여기서 중요한 것은 어떤 역할을 수행하는 배우나 제작 감독들의 능력치는 수치화가 불가능하다는 것이다. 보통 예체능 분야의 능력은 정확히 수치화하기 힘들다. 요즘은 과학의 발달로 체육 활동과 같은 물리적인 활동은 수치화가 어느 정도 가능하지만, 인간의 예술 활동 영역은 도저히 수치화할 수 없다. 배우의 연기력은 방영되는 작품을 본 시청자들의 반응에 따라 평가된다. 감독이나 시나리오 작가역시 그 작품을 위해 제공한 노동력이 최고 수준의 능력이라는 걸 깨닫는 순간은 팬들의 뜨거운 반응을 볼 때이다. 이렇게 인기가 많은 드라마를 제작했던 배우, 감독, 시나리오 작가 등은 모두 다음 작품을 시작할 때 더욱 많은 자금을 투자받고, 그 결과 더욱 훌륭한 작품을 만들어낸다. 시나리오의 작품성이나 배우의 연기력 등은 창의적인 영역에서 하나의 작품을 완성하는 데 필수불가결한 요소들이라는 점에서 우리나라 IT 프로젝트와 닮아 있다. 드라마 작품은 끊임없이 팬들과 소통하며 최고의 작품을 지향하고, 프로젝트는 끊임없이 현업과 소통하며 완성도를 높여간다. 또 배우들은 그 작품을 통해 자신의 연기 폭을 넓혀가고, 개발자는 프로젝트를 진행하면서 새로운 기술과 경력을 얻는다.

그러나 다른 점들도 있다. 배우나 감독은 작품을 성공시킬수록 몸값이 천정부지로 뛰지만, 개발자는 소프트웨어 개발자 단가표에 얽매여 몸값이 쉽사리 높아지지 않는다. 극의 재미를 위해 중간에 더욱 큰 재화가 필요하면 제작 단가가 상승하는 드라마 작품과 달리 프로젝트 비용은 최초에 발주된 금액에서 거의 변경되지 않는다. 수많은 부분이 수치화되지 않아 불안감을 안고 프로젝트를 수행하는 PM의 경우 프로젝트 내내 커다란 스트레스를 받게 된다. 물론 문화 콘텐츠 산업도 필자가 모르는 많은 문제점이 있을 것이다. 어느 산업분야든 문제가 없는 산업군이 없다. IT 산업의 문제점은 우리가 지속적으로 인지하고 고쳐나가야 하는 숙명이라고 할 수 있다. 그러면 IT 프로젝트는 어떤 것들이 있는지 한번 알아보자. 앞으로 설명하는 IT 프로젝트는 필자가 많이 경험한 금융 SI 프로젝트를 기준으로 하겠다.

프로젝트에 따른 기술 정체성

오랜만에 만난 고급 개발자들 사이에 일반적으로 오가는 인사 중 "요즘은 뭐해?"라는 인사가 있다. 이것은 현재 어떤 IT 프로젝트를 수행 중인지 또 어떤 일을 하는 것인지를 묻는 것인데 간단하게 대답하기 어려운 질문 같기도 하다. 이러한 질문에 할 수 있는 대답에는 몇 가지 종류가 있다. 대표적으로 업계에는 차세대[4]라고 부르는 대규모 프로젝트나 프레임워크의 변경, 업그레이드를 위한 포팅 프로젝트, 새로 서비스를 만들어내는 신규개발, 기존에 존재하던 프로젝트에 덧붙여 개발하는 추가개발 프로젝트 등이 있다.

이렇게 성격을 나누는 이유는 이에 따라 코딩 전략이 전혀 다르게 흘러가기 때문이다. 고급 개발자들은 프로젝트에 투입되면 자신이 속한 프로젝트의 성격에 따라 수행 전략을 스스로 도출해 낸다. 이런 과정은 매우 종합적이고 깊숙한 기술적인 이슈를 내포한다. 신·구 소스의 합의점을 도출해서 기존의 소스를 최대한 활용하면서 새로운 기능을 가장 적절하게 녹여내는 능력이 필요하기 때문이다. 사실, 이 과정이 어그러지면 전체 소스개발의 양이 수십에서 수백 배까지도 차이 날 수 있다.

프로젝트의 난이도는 대체로 차세대, 포팅 프로젝트, 추가개발, 신규 프로젝트 순으로 어렵다. 차세대 프로젝트의 난이도가 가장 높은 이유는 프로젝트의 모든 기술 이슈가 포함되기 때문이다. 대규모 차세대는 추가개발, 포팅, 신규 개발을 모두 포함하는 경우가 많다.

차세대 프로젝트

차세대 프로젝트를 설명하기 위해 은행권을 예로 들어보자. 서비스가 없어지지 않고 오랜 시간 운영되며, 꾸준히 업그레이드되는 지속적인 서비스의 대표적인 사례이기 때문이다. 일단 차세대 프로젝트의 경우 분량이 압도적으로 많다. 따라서 몇 년 동안 개발을 진행하는 사례가 많고 핵심 코어까지 새로 개발하는 경우 프로젝트 하나가 다시 몇 개의 중·대형 프로젝트로 나뉜다. 이런 프로젝트는 하나하나 모든 이슈를 점검해야 하고 난이도 또한 매우 높으며 장기간에 걸친 작업이기 때문에 수많은 업체와 수많은 PM들이 동시에 투입된다. 보통 은행이나 보험과 같은 대규모 기관이 10년 이상 낙후된 코어뱅킹과 백엔드 시스템을 동시에 재개발하거나 새로운 패러다임을 적용하는 프로젝트로 발주하는 경우가 여기 해당된다.

이때 코어뱅킹의 언어 자체가 변경되기도 하는데 그럴 때는 각종 언어 전문가와 시스템 환경 전문가 등 다양한 인력이 총동원된다. 코어뱅킹은 대부분 코볼이나 C 같은 저급 언어로 작성되고 소스 또한 매우 복잡하다. 기존의 모듈을 고급 프로그래밍 언어[5]로 재개발할 경우 기존의 수십 년 간 안정화된 시스템의 이슈들을 모두 파악하고

....

4 낙후된 시스템을 최신 프레임워크와 최신 빌드버전, 새로운 기능과 변경되는 기능. 전혀 다른 플랫폼 이전까지 한번에 수행하는 대규모 신규 프로젝트이다.

5 하이레벨 프로그래밍 언어high-level programming language라고도 함. 사람이 이해하기 쉽게 작성된 프로그래밍언어로서, 저급 프로그래밍 언어보다 가독성이 높고 다루기 간단하다는 장점이 있다. 컴파일러나 인터프리터에 의해 저급 프로그래밍 언어로 번역되어 실행된다. C언어, 자바, 베이직 등 대부분의 프로그래밍 언어는 고급 언어에 속한다.

신규 모듈을 만들어야 하는데 이는 실상 거의 불가능하다. 따라서 촉박한 국내 개발일정상 보통 기존의 서버 자체를 유지하면서 새로운 고급 언어 서버를 띄운 뒤, 기존의 서비스는 기존 서버로 연동하고, 새 서비스는 신규 고급 서비스 쪽으로 라우팅하는 전략을 취할 수도 있다. 이때는 기존의 코어뱅킹을 건드리지 않음으로써 안정성을 유지할 수 있지만 기존 코어뱅킹의 안정성 자체가 떨어지는 경우, 차세대를 하는 존재 이유 자체가 흔들리기 때문에 현업[6]의 반대에 부딪히기도 한다. 사실 정석은 아예 새로 만드는 것인데 이런 경우 기존에 존재하던 방대한 서비스 로직을 모두 재구현해야 하기 때문에 엄청난 분량을 코딩해야 하고 그 이상의 테스트까지 거쳐야 하며, 기존에 존재하던 모든 서비스의 전수 검사를 해야 한다. 현실적으로는 이렇게까지 프로젝트를 수행하는 경우는 거의 없다. 이해를 돕기 위해 다음 구조도를 보자.

〈현재 국내 금융권 시스템 단면도〉

IT 개발자의 거의 모든 것

코어뱅킹이 아닌 백엔드 서비스의 경우는 코어뱅킹에서 제공하는 기능을 이용해 백엔드 API[7] 로 제작해 프론트 서비스에서 동시에 사용하며 화면 연동과 업무개발을 수행하게 된다. 이때 백엔드 시스템은 프론트 엔드[8]의 비즈니스 의존성이 강하기 때문에 프로젝트의 아키텍처는 두 가지를 동시에 능숙하게 설계할 줄 알아야 한다. 차세대의 경우 백엔드 서버는 하나가 아니라 여러 개가 될 수 있으며 각각 모두 다른 프로젝트로 할당된다. 백엔드 시스템의 경우도 기존에 이미 존재하던 서비스와 새로 개발되는 서비스 두 개를 모두 아우르는 개발 전략을 취해야 하는데 이때 취하는 전략에 따라 전체적인 코딩 양이 어마어마하게 차이가 난다. 프로젝트의 분석단계에 이미 존재하던 서비스 코드들을 모두 폐기할 것인가부터 분석을 시작하는데 이를 살릴지 폐기할지는 전적으로 프로젝트의 성격에 따라 달라진다.

일단 현업과 사전에 협의가 이뤄진 신규 프로젝트 프레임워크나 환경상에서 기존의 소스를 되살릴 수 있는 실마리를 찾게 되는데, 낙후된 시스템의 차세대 프로젝트의 경우 되살릴 방법이 없는 상황이 많다. 이 경우, 기존의 소스에서 신규 소스로 포팅 작업을 수행하

....

6 보통 '갑'으로 표현되는 프로젝트 발주자를 의미한다. 실질적인 시스템의 주인이기 때문에 프로젝트를 수행하는 업체는 계약서상에 명시된 프로젝트의 요구사항을 모두 충족시킬 의무가 있다.

7 대부분의 절차적 언어에서 API는 특정한 작업을 수행할 함수들의 집합을 규정하며, 특정 소프트웨어 구성 요소와 상호 작용할 수 있게 한다.

8 프론트엔드 개발자는 쉽게 말해 유저들에게 최종적으로 보여지는 화면을 만드는 일을 담당하는 사람이다.

는 전략을 선택하게 된다. 이때 포팅 결과물로 새로 작성되는 소스의 난이도와 기존 업무를 분석하기 위해 읽어야 하는 기존 소스 난이도가 프로젝트 전체 일정에 지대한 영향을 미친다. 차세대 프로젝트는 이런 다양한 부분들이 모여 구성되어 있는데, 이 다양한 부분의 모든 기술 이슈를 파악하고 어떤 전략이 프로젝트의 성공을 위해 가장 적절한지 판단하는 순간이 PM과 PL의 위기관리 능력을 판단하는 좋은 기준점이 될 수 있다.

IT 프로젝트의 대략적인 성격을 알아보았으니 이제 구체적인 프로젝트 진행 과정을 살펴보자. 앞서 설명한 내용이 조금 어려워서 이해하지 못했어도 구체적인 프로젝트 진행 과정을 이해하는 데는 크게 무리가 없으니 혹시라도 걱정은 하지 말았으면 한다.

IT 프로젝트의 시작과 끝

자세히 살펴볼 프로젝트의 종류로 매우 흔한 프로젝트 종류 중 하나인 모바일 하이브리드 자바웹 SI 프로젝트를 대상으로 정해보자. 프로젝트가 시작되려면 발주자의 프로젝트 발주 과정이 필요하다. 발주자는 자신들이 필요한 IT 시스템의 요구사항을 정리하고 해당 프로젝트를 수행해줄 업체를 선정하게 되는데 보통 최저가 공개입찰 방식으로 진행한다. 각 수행 업체들은 해당 입찰에 참여하여 여러가지 제안 발표회를 하는데 서로의 기술력과 저렴한 단가를 무기로 서

IT 개발자의 거의 모든 것

로 경쟁한다. IT 프로젝트를 수주할 때는 무조건 저가에 수행하는 것
이 아니라, 적정 단가로 수행해야 하는데 이를 위해서 각 업체들은
치열하게 계산기를 두드린다. 다음은 발주된 프로젝트의 대략적인
수행비용을 요약한 견적서이다.

○○ 유업 웹 고도화 프로젝트

- 개발 기간 : 6개월

- 투입 인원 : 54 M/M(man per month)

- 개발자 등급 : 고급 2명, 중급 4명

- 기타 인원 : 디자이너 1명, 기획 1명, 퍼블리셔 1명

- 추가 솔루션 : ○○ 솔루션, ○○ 관리툴, ○○ 개발툴

- 프로젝트 기술료 : ○○○○만 원

- 개발 장비 비용 : ○○○○만 원

- 테스트 QA : ○○○○만 원

이 비용 외에도 개발자의 복지 비용이나 개발 공간 임대료 등이
포함될 수 있다. 수행사가 책정되고 프로젝트가 시작되면 해당 견적
금액을 대략 세 번 정도로 나누어서 프로젝트 중간중간 집행한다. 최
초 착수금, 중도금, 잔금 순으로 나누어 집행하는데 이때 이 금액을
최초로 받는 수행업체를 편의상 '을' 혹은 '1차 수행업체(1차 업체)'라
고 부른다. 다음 페이지의 그림은 업계에서 관례적으로 표현하는 업
체들에 대한 명칭과 그 관계 도식이다.

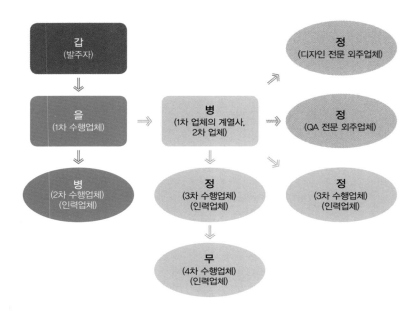

〈프로젝트 수행사 관계도〉

일반적으로 하나의 프로젝트가 시작될 때 그림과 같은 관계도가 짜인다. 정규직 개발자나 프리랜서는 가장 마지막의 '병', '정', '무'의 개발 인력으로 배정받을 가능성이 높다. 보통 업계에서 발주자가 수행업체와 계약을 맺을 때는 턴키 계약(일괄수주계약) 방식을 선호한다. 계약관계에서 가장 중요한 요소는 프로젝트의 성패를 책임지는 주체이다. 일반적으로 '을'이 책임을 지고 프로젝트의 제반 사항을 관리하는 경우가 많은데 그런 경우 '을' 업체를 턴키 업체라고 부른다. 하지만 기형적인 우리나라의 IT 시장에서는 '병' 업체가 모든 책임의 소지를

IT 개발자의 거의 모든 것

지는 경우도 있다. 그때는 턴키 업체가 '병'이 되며 '을' 업체는 큰 리스크 없이 프로젝트 수행 금액에서 영업이익만을 떼서 가져가고 '병'에게 나머지 금액을 넘기게 된다. 그럼에도 발주사인 '갑'이 굳이 없어도 되는 '을' 업체를 끼는 이유는 관리상의 편의도 있지만 프로젝트가 위험해질 경우 프로젝트의 책임을 지는 업체 규모가 크지 않으면 발주 업체가 크게 손해를 볼 수도 있기 때문이다. 따라서 프로젝트의 일정이 지연되거나 수행이 힘들어지면 어느 정도 규모가 있는 1차 업체가 지연에 대한 배상을 하거나 연장 계약을 물어서 큰 손해를 보는 경우가 생기기도 한다. 그렇기 때문에 기본적으로 모든 리스크를 떠안는 턴키 업체가 통상 가장 많은 프로젝트 금액을 가져간다.

일반적으로 예산을 집행할 때는 계약관계상의 역할에 따라 금액을 배정한다. 따라서 각 업체에서는 관리자로 투입시키는 고급 인력 및 디자인 업체에 투여되는 비용과 제반 경비를 제하고 그 나머지를 개발자 인력으로 계산해 개발자 M/M을 산출한다. 이 과정에서 단계가 많아지면 당연히 프로젝트 수행 비용이 줄어드는데 '무' 이하의 업체에서 일하는 개발자의 경우 받는 돈이 현격히 줄어든다. 그 때문에 IT 시장에서는 다단계처럼 하청과 재하청이 끊임없이 이어지는 '갑을병정무기경신임계'를 채우는 단순 인력업체들을 시장에서 퇴출시켜야 한다는 목소리가 크다.

다음의 표는 이 관계상에서 수행되는 모 프로젝트 예산표이다. 프로젝트 예산표에는 통상 1차 수행업체 PM의 프로젝트 분석 결과에 따라 분배된 M/M만큼 각 협력업체의 자원이 함께 기재된다. 이

〈프로젝트 예산표 사례〉

업체	금액	비고
갑(발주자)	발주금액 = 총 9억 2천만 원	총 115M/M의 인건비와 도입 솔루션을 합한 최종 사업금액. 개발 기간 10개월.
을(1차 수행업체) 업체에 20M/M을 배정	(1000만 원*2명)*10개월 + 1억 원(솔루션) = 3억 원	1차 수행업체는 최고급 인력 관리자 2명을 10개월간 배정하고 솔루션 비용 1억 원을 포함.
병1 업체에 28M/M을 배정	(400만 원*2명)*7개월 + (550만 원*2명)*7개월 = 1억3천3백만 원	을 업체는 20M/M을 사용하고 나머지 중 병1에게 28M/M을 할당.
병2 업체에 19M/M을 배정	(700만 원*1명)*10개월 + (700만 원*1명)*9개월 = 1억3천3백만 원	을 업체는 48 M/M을 사용하고 나머지 67 M/M을 병 2 업체에게 할당. 인력 문제로 병 2 업체는 19 M/M의 인력만을 자사 인력으로 배정하고 정 1, 정 2 업체에게 다시 인력을 의뢰.
정1 업체에 10M/M을 배정	(550만 원*2명)*10개월 = 1억1천만 원	병 업체로부터 의뢰받은 정 업체는 추가적인 기획인력을 모집하여 병 업체에게 제공.
정2 업체에 28M/M을 배정	(550만 원*4명)*7개월 = 1억5천4백만 원	상동
무1 업체에 10M/M을 배정	(400만 원*1명)*10개월 = 4천만 원	무 업체는 다시 부족한 인력을 정 업체로부터 의뢰받아 제공.
정3, 4 업체	5천만 원	디자인과 QA 업체는 해당 금액을 이용해 투입 시기와 인력 배분을 자율로 맡김.

IT 개발자의 거의 모든 것

프로젝트 예산표는 설명을 위해 설정된 가상의 내용이지만 업계에서 흔히 볼 수 있는 구성이다. 발주자는 최종 협상 대상자인 1차 수행업체와 결정한 견적서대로 총 9억2천만 원의 계약 금액으로 프로젝트를 발주했다. 이 프로젝트는 총 115M/M의 인건비가 드는 부가 솔루션을 합한 사업이며 개발 기간은 총 10개월로 계약되었다.

을(1차 수행업체) 업체는 20M/M만큼 프로젝트를 수행할 수 있다는 결론을 내리고 그만큼을 스스로 배정한다. 1차 수행업체는 프로젝트에 PM과 PL 급의 최고급 인력을 투입하기 때문에 비용을 가장 많이 든다. 병1 업체는 나머지 인건비 중 병1 업체가 소화할 수 있는 28M/M만큼의 용역 사업 계약을 체결하고 28M/M의 개발자를 투입하게 된다. 병2 업체는 67M/M(115M/M-20M/M-28M/M)의 용역 계약을 체결하고 자사 인력으로 19M/M을 수행한다. 그리고 정1 업체에 다시 10M/M의 용역계약을 재하청한다. 38M/M 만큼의 자원이 더 필요하기 때문에 정2 업체를 통해 용역계약을 체결한다. 정2 업체는 자사 정규직은 없는 관계로 프리랜서를 이용해 28M/M만큼 용역을 제공하고 다시 무1 업체에게 10M/M의 용역을 제공해 달라고 계약을 체결한다.

한편 디자인과 QA를 수행할 업체는 을 업체가 다시 물색하여 총 금액 5천만 원의 계약을 체결하고 필요한 M/M은 업체에서 알아서 해결해달라고 계약을 체결한다. 프로젝트 하나를 수행하는 데는 이렇게 많은 자원이 소요되기 때문에 한두 업체가 모든 자원을 보유하고 투입할 수는 없다. 그렇기에 이런 많은 협력업체들의 도움이 필요하게 된다.

이 프로젝트 예시는 IT 업계에서 중소형 프로젝트에 속한다. 규모가 몇백억에서 몇천억까지 들어가는 초대형 프로젝트는 일반적으로 1년에 몇 개 되지 않는다. 여기서 '금액 * x명'으로 표기된 부분이 인력비인데 이 금액은 대략 초급·중급·고급 기준으로 통용되는 임금이다. 이 금액은 기본적으로 프리랜서나 업체 대 업체와의 금액을 의미하고 정규직은 이 금액과 상관없이 회사 내규에 따라 지급한다. 개발자의 인건비 책정 금액은 업체 대 업체 금액과 업체 대 프리랜서, 업체 대 정규직 인건비의 낙차가 꽤 큰 경우도 있다. 앞의 예시에서 그랬듯 1차 업체의 경우 고급·특급 인력비로 상당히 많은 금액을 배정하기도 한다. 이는 암묵적으로 1차 업체의 수익을 지켜주기 위한 의도다. 위와 같은 예산 상황에서 각 업체들은 더욱 많은 이윤을 남기기 위해 인력비를 부풀리거나, 경력을 속이거나, 열정페이 계약 등을 자행하기도 한다. 이는 우리나라 IT 시장의 고질적인 문제의 한 단면이다.

이렇게 구성된 프로젝트가 시작되면 보통 턴키를 받은 메인 수행업체의 PM이 즉시 투입되고 그가 전권을 이양받아 관련 인원과 자원을 세팅하게 된다. 이때 개발자의 투입 일정과 요구 사항을 분석하고, 제안서를 재검토하게 되는데 이 과정에서 프로젝트의 본격적인 위험 관리가 시작된다. PM의 성공적인 프로젝트 수행 여부는 사실상 시작부터 끝까지 위험 관리라고 생각하면 된다.

다음 그림은 실제 프로젝트가 투입된 후 기간별 자원 투입 WBS^{Work Breakdown Structure}이다. WBS는 1950년대, 미 국방성에서 최초로 사용된 용어로, 원래는 작업물 기준의 일정 분류표인데 여기서는 자원 배분에 대한 내용으로 채워보도록 하겠다.

IT 개발자의 거의 모든 것

〈모 프로젝트의 인력투입 예시〉

개발자	소속	업무	개월									
			1	2	3	4	5	6	7	8	9	10
			분석			개발				테스트		이관 및 오픈
특급1	을	PM	▨	▨	▨	▨	▨	▨	▨	▨	▨	▨
특급2	을	PMO										
고급1	병2	PL	▨									
고급2	병2	설계/개발		▨	▨							
초급1	무1	개발	■	■	■	■	■	■	■	■	■	■
중급1	정1	기획	■	■	■	■	■	■	■	■	■	■
중급2	정1	기획	■	■	■	■	■	■	■	■	■	■
초급1	병1	개발				■	■	■	■	■	■	■
초급2	병1	개발				■	■	■	■	■	■	■
중급1	병1	개발				■	■	■	■	■	■	■
중급1	병1	개발				■	■	■	■	■	■	■
중급1	정2	개발				■	■	■	■	■	■	■
중급2	정2	개발				■	■	■	■	■	■	■
중급3	정2	개발				■	■	■	■	■	■	■
중급4	정2	개발				■	■	■	■	■	■	■
디자인	정3	디자인	■	■	■	■	■	■	■			
QA	정4	QA								■	■	■

빗금 친 부분이 주요 관리자급 핵심 인사의 투입 M/M이다. 병 1, 정2의 개발자들은 3개월 후 투입되는 것을 볼 수 있는데 개발이 본격적으로 시작되지 않은 분석 기간에는 개발자들이 딱히 할 일이 없기 때문에 그렇다. 개발자들은 실제 개발 기간인 4개월째부터 투입되는 경우가 많다. 표에서 보면 고급*2, 초급*3, 중급*6의 개발자가 투입되는 것으로 나와 있다. 프로젝트 규모에 따라 기준점이 많이 달라지지만, 이 정도 규모로 진행되는 프로젝트는 백엔드 시스템의 양은 크게 고려하지 않고 난이도로 구분된 대략 500~600개 정도의 뷰 (HTML)를 개발하는 양으로 산정된다. 사실 이런 식의 규모 산정은 업무의 난이도 측면에서 볼 때 매우 불합리한 분석 방법이라고 할 수 있다. 뷰가 몇 개 없고 백엔드 시스템의 복잡도가 높은 프로젝트의 경우 상대적으로 일거리가 적어보일 수 있기 때문에 이런 분석단계에서 단순 뷰로 인력을 계산하게 되면 프로젝트의 위험도가 매우 높아질 수 있기 때문이다.

600개의 뷰를 기준으로 4개월의 개발 기간을 정했다면 개발자들의 뷰 개발 속도를 기준으로 프로젝트의 노동밀도를 산정해볼 수 있다. 매우 단순한 계산으로도 알 수 있는 사실이다.

개발에 실제로 투입되는 인원이 11명이고 이 가운데 모바일 개발자 2명, 전문 아키텍처 1명, 아키텍처 보조 1명을 뺀 7명이 뷰 개발자라고 할 수 있다. 개발 기간 4개월 동안 한 달에 22일 정도의 영업일을 기준으로 계산했을 때 총 영업일은 88일이고 이를 600개의 뷰 기준으로 나누었을 때 하루 평균 6.82개의 뷰를 생산해내야 한다는

                                      IT 개발자의 거의 모든 것

얘기다. 이를 위해서는 7명의 개발자가 각각 하루에 한 개의 화면을 개발해야 한다. 물론 이 기준은 난이도가 고려되지 않았기 때문에 뷰 개발자 중 초급 개발자가 한 명 섞인 상황에서는 쉽지 않은 개발 분량이다. 하지만 실제 프로젝트는 이런 개발평균 뷰 개수를 훨씬 초과하는 경우가 더 많으며 위의 예시는 현실을 고려하면 조금 수월한 편이라고도 할 수 있다.

이런 일정의 노동계획은 설계기간에 이루어지며 PM이 주축으로 분석을 수행한다. 이때 최종 개발 목록표를 만들어서 노동 분배 계획을 세우는데 노동력 중심이 아닌 실제 메뉴와 개발 프로그램 목록 기준으로 WBS를 작성한다.

다음 표는 실제 필자가 진행한 프로젝트의 WBS 일부이다. 이는 전체의 극히 일부이며 항목이 세분화되어 팀별로 관리되기 때문에 대단히 길다. 또 각 업무 부분을 파트별로 인원마다 세부적으로 배정하고, 각 업무 단위가 기획자로부터 기획이 완료될수록 난이도가 부여되며, PM의 판단하에 개발자의 경력에 맞춰서 업무가 배분된다.

설계 기간에 PM은 제안서를 기준으로 주요 요구 사항과 핵심 기능을 도출해내고 기획의 도움을 받아 전체적인 프로그램의 범위와 세부 기능을 확정해나간다. 아키텍처는 그동안 전체 프로젝트 스펙에 맞는 서버와 환경을 구축한다. 이때 아키텍처는 프로젝트 전체 일정 동안 개발자들이 개발할 때 필요한 유틸 프로그램과 중간 컴포넌트 모듈들을 모두 만들어놔야 하는데 숙련된 아키텍처일수록 개발 중에 필요한 사항을 미리 개발하여 전체 일정을 획기적으로 줄여나간다. 분석, 설계 기간은 개발 일정을 현업과 공유하기 위한 주간회의나 전체회의가 빈번한 기간이므로 회의록을 작성한 후 공유하며 개발자 모두가 진행 사항을 능동적으로 파악하고 협업하는 것이 중요하다.

〈모 프로젝트의 실제 WBS 일부 예시〉

단계	태스크	진척율	공정	주														시작 날짜	완료 날짜
				1	2	3	4	5	6	7	8	9	10	11	12	13			
XX 서비스	기획 & 디자인	100%	도어 카메라 음성 경고 방송															16-05-16 (월)	16-05-26 (목)
		100%	도어 카메라 촬영															16-05-16 (월)	16-05-26 (목)
		80%	도어 카메라 감지 알림 서비스															16-05-23 (월)	16-05-31 (화)
		100%	도어 카메라 감지 서비스(스케줄)															16-05-23 (월)	16-05-31 (화)
			스마트 전력관리 서비스															16-05-16 (월)	16-05-24 (화)
			스마트 공기관리 서비스															16-05-16 (월)	16-05-31 (화)
			IP카메라 1차 개발 기능 연동(Android)															16-05-23 (월)	16-05-31 (화)
			IP카메라 1차 개발 기능 연동(iOS)															16-05-23 (월)	16-05-31 (화)
			서비스 관련 기타항목 (메뉴/푸시/통합홈로스/SMS)															16-06-01 (수)	16-06-03 (금)
			관리자 Portal															16-06-06 (월)	16-06-24 (금)
	플랫폼 & 인증		input stream 인코딩 (G.711)															16-05-23 (월)	16-05-27 (금)
			음성 중계 서버 인터페이스(RTP/RTSP)															16-05-30 (월)	16-06-17 (금)
			통합인증 변경사항 적용															16-06-08 (수)	16-06-30 (목)

IT 개발자의 거의 모든 것

단계	태스크	진척율	공정	주 (1~13)	시작날짜	완료날짜
XX 서비스	BACK-END		도어 카메라 음성 경고 방송(관제)	(주 2~5)	16-05-23 (월)	16-06-17 (금)
		100	도어 카메라 내장 경고 방송 제어	(주 2)	16-05-23 (월)	16-05-27 (금)
		60	경고 방송 채널 URL 정보 조회	(주 2)	16-05-23 (월)	16-05-27 (금)
		100	사진 다시 찍기 제어	(주 3)	16-05-30 (월)	16-06-03 (금)
		30	도어 카메라 Power recovery on/off 이벤트	(주 4)	16-06-06 (월)	16-06-10 (금)
		0	도어 카메라 라이브 경고 방송 채널 참여 제어	(주 4)	16-06-06 (월)	16-06-10 (금)
		0	input stream 인코딩 (G.711) 연동	(주 2)	16-05-23 (월)	16-05-27 (금)
		0	음성 중계 서버 인터페이스(RTP/RTSP) 연동	(주 3~5)	16-05-30 (월)	16-06-17 (금)
	QA F/T 1차		카메라 뷰 테스트	(주 6~7)	16-07-01 (금)	16-07-08 (금)
			카메라 알림 테스트	(주 6~7)	16-07-01 (금)	16-07-08 (금)
	QA F/T 2차		카메라 뷰 테스트	(주 8~9)	16-07-11 (월)	16-07-22 (금)
			카메라 알림 테스트	(주 8~9)	16-07-11 (월)	16-07-22 (금)
			인증 중계 테스트	(주 8~9)	16-07-11 (월)	16-07-22 (금)
			공기질 장비 테스트	(주 8~9)	16-07-11 (월)	16-07-22 (금)
			공기질 관리 화면 테스트	(주 8~9)	16-07-11 (월)	16-07-22 (금)
			IP 카메라	(주 8~10)	16-07-11 (월)	16-07-29 (금)
	FOT		카메라 뷰 테스트	(주 10~11)	16-07-25 (월)	16-08-05 (금)
			카메라 알림 테스트	(주 10~11)	16-07-25 (월)	16-08-05 (금)
			인증 중계 테스트	(주 10~11)	16-07-25 (월)	16-08-05 (금)
			공기질 장비 테스트	(주 10~11)	16-07-25 (월)	16-08-05 (금)
			공기질 관리 화면 테스트	(주 10~11)	16-07-25 (월)	16-08-05 (금)
			IP 카메라	(주 10~11)	16-07-25 (월)	16-08-05 (금)
APP 등록 일정 및 오픈 일정				(주 11)	16-08-01 (월)	16-08-05 (금)

이렇게 설계가 진행되는 동안 뷰를 개발하기 위한 개발자의 추가투입 시기를 놓고 PM과 아키텍처가 협의를 한다. 초반 개발 성과를 위한 준비가 완료됐을 즈음 개발자들이 투입되어 초반 개발 프로토타입을 진행한다. 이때 아키텍처가 프로젝트의 예시로 삼기 좋은 업무 꼭지를 떼서 코딩 가이드를 만들고 해당 기능을 구현하는 코딩 방법을 업무 개발자에게 코딩 가이드로 넘겨준다. 원칙적으로는 각종 샘플 페이지를 만들고 부분별 코딩 방법을 교육하는 것이 맞지만 빡빡한 일정상 이렇게 하는 경우가 많다.

일차적인 코딩 가이드를 넘겨받은 각 업무 개발자들은 기획자가 만들어준 기획 문서를 보고 먼저 업무를 분석, 개발한다. 이때도 기획자의 실력에 따라 업무 적응도에 많은 차이가 생긴다. 능숙한 기획자가 최대한 많은 케이스를 분석해 놓은 질 높은 작업 문서는 업무 진행 과정에서 개발자가 맞닥뜨리는 중의적인 고민을 없애준다. 업무 개발자들은 문서를 보고 이해가 되지 않거나 논리적인 구현 오류가 존재할 경우 다시 기획자와 PM에게 이슈를 제기하게 되는데 이러한 상황은 필연적으로 전체 일정을 지연시키게 된다.

현업과의 컨펌 과정은 일정을 지연시키는 가장 큰 요인으로 이 부분은 PM이 가장 신경 써야 하는 기획 리스크라고 할 수 있다. 프로젝트 초반의 기획 단계에서 일정을 지연시키는 행위는 개발 단계의 직접적인 작업 시간을 줄이기 때문에, 결과적으로 프로그램 품질을 저하시키고 개발 인원의 노동력 효율을 떨어트려 전체 프로젝트가 비효율적으로 흘러가게 될 위험을 높인다. 필자도 4개월이라는 개발 기간 중 기획의 지연 이슈로 인해 1개월 반가량 개발 업무가 늦게 시작한 경우가 있었다. 개발 기간의 3분의 1이 늦어지면서 후반 테스트 시점에 완료되지 않은 프로그램 때문에 개발 작업에 지장이 많았다. 이러한 문제는 개발 단계에서 발생한 것이 아님에도, 개발자들이 그 책임을 떠맡는 경우도 비일비재하다.

　　개발이 진행되는 동안에도 부족한 부분과 새로 추가되는 부분에 대한 기획이 계속 진행되고, 기획 문서를 토대로 작성된 디자인 파일들은 개발자들에게 계속 인계된다. 개발 기간이 막바지로 접어들수록 완료된 개발물의 양이 많아지는데 개발자별로 처음에 작성한 개발물에는 수많은 버그가 산재해 있기 마련이다. 개발 기간이 한 달 정도 남은 시점에 PM은 QA^{Quality Assurance}[9]의 최종 테스트 단계로 넘어가기 전 개발자 레벨에서 단위 테스트를 진행한다. 단위 테스트란 개발자들이 자신이 만든 프로그램이 기획 문서에 맞게 개발이 잘 됐는지 스스로 테스트를 진행하는 것을 말한다. 이때 발견되는 버그들은 공통 아키텍처에서 대하거나 업무별로 대응하거나 디자인 혹은 기획 문서가 잘못됐는지에 따라 각 파트로 공유되고 수정되는데 이때 최대한 버그를 수정해 두지 않으면 QA 테스트 초반에 몇천 개의 버그가 발생할 수도 있다.

　　프로젝트가 테스트 단계로 돌입할 때가 되면 전문 QA가 투입

....

9　프로그래밍 직종 중 하나로, 제품이 일정 수준의 품질(Quality)을 가질 수 있도록 제품 출시 이전에 각종 테스트 및 검수 작업을 하는 업무 혹은 담당자를 뜻한다.

되고, 프로그램이 실제로 사용될 때 발생할 수 있는 모든 경우의 수가 정리된 테스트 문서를 작성하고, 입력값과 기댓값이 일치하는지, 모든 기능이 정상 작동하는지, 연계된 화면끼리 데이터의 흐름이 정확한지 등을 모두 검증한다. 이때 검증을 통과하지 못하면 테스트 관리 프로그램에 사유를 등록하고 각 파트 담당자와 공유한다.

각 테스트가 진행되는 가운데 실제 오픈을 위한 운영 서버로 이관할 준비를 한다. 오픈 이후의 예상치 못한 버그나 환경에 따른 오작동을 사전에 발견하고 예방하기 위해서는 실제 운영 서버와 환경이 동일한 스테이징 서버를 운영하거나 실제 운영 서버에 테스트 환경을 구축해봐야 한다. 오픈 일정이 얼마 남지 않았을 즈음에는 실 운영 요원들이 인수인계를 위해 프로젝트 룸에 투입되며 시간이 되는 개발자부터 구체적인 인수인계를 해주게 된다. 인수인계는 통상 한 달 이상 받아야 하지만 국내에서는 1~2주 만에 졸속으로 처리하는 경우가 흔하다.

위의 사례는 SI 프로젝트 중에서도 안정적으로 진행되는 축에 속한다. 즉, 현실적으로는 위의 예시처럼 진행되지 않는 경우도 많이 있다는 얘기다. 국내 기업의 환경상, 프로젝트가 저가 수주되거나 현업의 막무가내식 갑질로 인해 진행 일정이 무리하게 앞당겨지기도 하며 기술적 혹은 계약상의 이유로 도중에 개발자들이 퇴사하는 경우도 있다.

그러면 잘 끝나는 프로젝트와 실패하는 프로젝트는 어떤 차이점이 있을까? 대부분 프로젝트를 수행하는 개발자들은 자신이 속한 프로젝트가 어째서 매끄러운지 혹은 왜 야근과 철야를 밥 먹듯이 하게 되는지 그 이유를 잘 모른다. 현업이 너무 요구사항을 자주 바꾼

다든지 기획자가 문서를 늦게 줘서 개발할 시간이 부족했다든지 하는 피상적이고 애매모호한 이유를 들을 뿐이다.

그렇다면 IT 프로젝트의 효율적이고 원활한 진행을 위해 꼭 필요한 요소가 무엇이며 바람직한 업무 수행 과정이 어떻게 되는지 한번 알아보도록 하자.

프로젝트 위험관리

프로젝트를 잘 수행하기 위해 위험요소를 사전에 도출하고 자원을 할당하는 일은 PM의 가장 중요한 역할 중 하나다. 이를 프로젝트 위험관리(프로젝트 리스크관리)라고 한다. 그럼 프로젝트 리스크의 본질은 무엇인가? 위험 요소에 대한 무지가 바로 그 답이다. 그 어떤 위험인자라도 사전에 인지하면 관리할 수 있지만, 전혀 인지하지 못한 위험인자가 갑자기 등장하면 그 위험인자의 파급효과가 일정을 어느정도 갉아먹는지에 따라 프로젝트의 생사가 갈린다. 그렇기 때문에 경험이 일천한 PM의 프로젝트 수행과정은 어두운 밤에 지뢰밭을 건는 것에 비유할 수 있다. 일반적으로 난이도가 있는 프로젝트를 수행하다 보면 미처 인지하지 못한 리스크가 한 가지가 아니라 한번에 두개, 세 개가 겹쳐서 나타나는 경우가 많고 이 위험요소가 다 해소되기도 전에 또다시 몇 가지가 갑자기 나타나는 경우도 흔하다. 그렇다면 프로젝트의 위험요소들을 미리 모두 숙지하면 문제가 해결될 수 있지 않을까? 말처럼 쉽지 않다. 그 이유를 다음 프로젝트의 분석과 정을 통해 알아보자.

어떤 양동이가 앞에 있다. 그 양동이 안의 물을 컵으로 전부 퍼내면 몇 컵이 나오는지 알고 싶다면 어떻게 해야 할까? 양동이의 리터 수를 알면 아마도 산술적으로 계산이 가능할 것이다. IT 프로젝트의 분석은 양동이의 물을 컵으로 환산하는 것보다 훨씬 어려운 일이다. 프로젝트의 수많은 요소가 수치화될 수 없다는 건 앞서 설명한 바 있다. 그리하여 프로젝트의 PM과 PL은 마치 시나리오를 읽는 영화감독처럼 어느 배역에 누가 어울릴지, 카메라가 몇 개 정도 필요한지와 같은 물리적 자원과 앵글이나 분위기, 색감 같은 환경적인 요소까지 머릿속에서 시뮬레이션해야 한다. 결국 머릿속에서 얼마나 정확히, 얼마나 디테일하게 프로젝트를 시뮬레이션하는가가 분석의 시작이다.

머릿속으로 시뮬레이션할 때 기준이 되는 정보들은 최초 발주자와 계약할 때 받았던 요구 사항 명세서와 제안서일 것이다. 프로젝트 관리자는 이 기초 정보를 숙지하고, 구현해야 하는 시스템의 서버 구성도와 그 구성 스펙들, 구현 가능한 범위와 다른 외부 서비스의 도입 필요성에 따른 가능성까지 머릿속으로 시뮬레이션하기 시작한다. 매일매일 더 정교하게 더 많이 시뮬레이션하며 그에 따른 결과를 문서로 작업하고 현업과의 회의를 통해 요구 사항을 더욱 구체화한다. 구현체를 이관할 운영 시스템의 물리적인 환경과 리눅스 운영체제 등의 소프트웨어 환경까지 고려하여 최종 구현 스펙을 확정할 때, 다양한 환경과 보안적인 이슈, 외부 모듈 등에 대한 사용 경험 등이 풍부하지 않으면 이

IT 개발자의 거의 모든 것

때 놓친 이슈로 인해 마지막 단계에서 큰 문제가 발생할 수도 있다.

이런 분석 과정에서 기술적으로 뛰어난 프로젝트 아키텍처의 도움을 받아 구현 단계에서 필요한 기술 스펙을 점검하며, 이때 사용할 언어에 대한 개발 환경과 그 환경에 맞는 보안 모듈 및 타 시스템 연동 처리 모듈 등의 한계점 등을 미리 파악해야 한다. 때로는 정치적인 이유나 마케팅 관련 이슈로 인해 적용되어야 하는 많은 외부 모듈까지 고려하게 된다. 그때는 이 모든 모듈들이 해당 프로젝트 구현 시 잘 지원되는지, 또 기술적인 부분을 어떻게 모듈화하여 배포하고 업무 로직에 적용할 것인지까지 정교하게 그려져야 한다.

이런 구체화 과정을 거치고 나면 비로소 PL 직급에서 업무 요소를 개발할 수 있는 공통화 컴포넌트 수준과 난이도가 높은 다른 외부 요소들을 어느 수준까지 개발할 수 있고 어떤 부분에서 외부 개발 기술의 도움을 받아야 하는지 대략적인 판단이 서게 된다. 판단이 서지 않는 개발 요소의 경우 PM의 지휘 아래 PL이 최우선적인 개발 과제로 그 가능성을 타진해보는 것이 필요하다. 그 가능성과 한계성을 검증하기 위한 프로토타입을 만들고 빠르게 운영해보는 과정도 중요하다. 이 과정이 빠지면 일정의 압박 속에서 끊임없이 불안감에 휩싸여야 하는데 바로 그 무지에 대한 두려움이 프로젝트 리스크의 본질인 것이다.

전체적인 기술 이슈와 각 업무영역에 대한 분석을 수행하면서 구체적인 화면기획과 프로그램의 설계서를 작성한다. 이때는 기획자의 도움을 받아서 각 기획문서를 작성하고 그에 따라 구체적인 화면 분량과 업무 개발 난이도 등이 산출한다. 이 산출량을 현업에서 컨펌하면 비로소 개발자의 투입 인원과 일정을 머릿속에 그리기 시작한다. 분석의 초기에 기획이나 PL, 혹은 디자인팀 등이 종종 자신의 업무를 명확히 인지하지 못하는 경우가 있는데 PM은 이런 시행착오로 인한 노동력 손실idle time을 최대한 없애기 위해서 초반에 회의를 거쳐 각자의 역할을 자세히 명시해주는 것이 좋다. 노련한 팀원이 아니라면, 자신의 문제조차 인지하지 못하고 프로젝트의 일정을 야금야금 갉아먹을 수 있다. 실제로 PM이 노련한 사람일수록 각 팀원의 아이들 타임을 제어하는 데 탁월한 능력을 보인다. 머릿속에 시뮬레이션한 자신의 프로젝트 일정별로 각 팀원이 제공해주어야 하는 결과물을 명확히 인지하기 때문이다. 어떻게 보면 PM은 각 악기의 모든 악보를 꿰고 악단 전체를 지휘하는 오케스트라 지휘자 같은 면모가 필요하다.

프로젝트의 리스크

앞서 살펴본 대로 한 명의 PM이 가져야 할 능력치는 상상을 초월한다. 수백 가지나 되는 현업의 요구사항을 숙지해야 하는 걸 넘어서, 각종 환경적인 이슈로 인해 발생하는 문제점도 대략적으로나마 알고 있어야 한다. 또 프로젝트의 가장 중요한 존재인 PL의 기술적인 역량을 파악해야 하기 때문에 PL에 상응하는 혹은 그 이상의 기술개발력을 가지고 있어야 한다. 그렇지 않으면 업무 지시를 할 수 없기 때

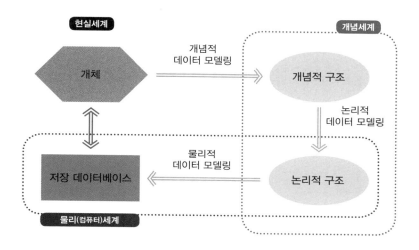

〈현업의 요구사항을 시스템으로 모델링하는 개념〉

문이다. 그뿐 아니라 자신이 업무지시를 내리는 직원의 성과까지 유추할 수 있어야 한다. PM은 다수의 중요한 프로젝트 문서도 담당한다. 거의 수십 장의 핵심 문서들을 PM이 작성해야 하기 때문에 문서 작성 능력도 상당히 중요하다. 위험관리가 주요 업무이기 때문에 분석 시 가장 중요한 데이터 모델링[10]을 직접 수행하는 경우도 있다. 데이터 모델링을 수행하는 툴을 능숙히 다루고 데이터베이스의 설계나

....

10 데이터 모델링data modeling이란 주어진 개념으로부터 논리적인 데이터모델을 구성하는 작업을 말하며, 일반적으로 이를 물리적인 데이터베이스 모델로 환원하여 고객의 요구에 따라 특정 정보시스템의 데이터베이스에 반영하는 작업을 포함한다. 후자의 의미로 흔히 데이터베이스 모델링으로 불리기도 한다.

논리구조까지 관여하는 경우가 많은 것이다. 이런 업무를 수행하려면 개발자로서의 경험과 경력이 중요하다.

심지어 프로젝트 구성원의 인간적인 부분과 구성원 간의 관계까지 챙겨야 하니 그야말로 슈퍼맨이 따로 없다. 그러니 이런 능력을 모두 소유한 PM을 발견하는 것은 쉽지 않다. 프로젝트를 수행하는 PM의 능력치가 부족하면 다양한 문제점이 발생한다. 다음 예시를 통해 프로젝트에서 발생하는 위험 요소들을 분석해 보자.

기획 리스크

소프트웨어 개발의 기획 분야에는 사실 따로 자격증이 있거나 직업군에 대한 명확한 답이 있지는 않다. 또한 많은 기획자들이 전문학과를 졸업하고 일을 시작하지 않기 때문에 전문성을 논하기 어렵다. 하지만 소프트웨어 제품을 만드는 과정에서 기획자의 중요성은 아무리 강조해도 지나치지 않다. 말하자면 건축에서 설계 도면을 만드는 사람이라 할 수 있는데 어찌 홀대할 수 있겠는가.

하지만 많은 관리자들이 기획을 전문성이 떨어지는 직급으로 여기고 있는 형국이다. 기획을 수행하는 수행업체 중에 대형업체가 하나도 없다는 것이 그 증거다. 이 때문에 프로젝트의 관리자나 심지어 기획을 수행하는 본인조차 자신이 어떤 업무를 하고 있고 이 업무가 어떤 의미인지 명확히 이해하지 못하는 경우도 많다.

기획자가 만들어낸 화면 설계서는 말 그대로 설계 도면이다. 현업에서 요구하는 요구 사항을 그들이 받아들일 만한 서비스로 탈바

꿈하는 첫 과정이다. 기획은 프로젝트 수행의 뼈대이자 시작과 끝인 것이다. 기획은 서비스만을 고려할 수도 없다. 디자인적으로 무리가 없는지, UX(사용자 경험) 상으로도 받아들일 만한지 등을 고려하는 것과 동시에 개발자가 이 요소를 적용하여 다른 화면과 연동 시 큰 무리가 없는지도 확인해야 한다. 이렇듯 기획자는 많은 부분을 고려해야만 다른 팀과의 마찰을 줄일 수 있다.

　　기획자가 전문적인 고려 없이 화면 요소를 넣게 되면, 많은 리스크 포인트가 발생한다. 설계상에 문제가 존재하면 크든 작든 무조건 이슈가 발생한다는 뜻이다. 디자인팀은 기획자가 만들어준 설계도대로 디자인하지만, 개발 단계에서 문서나 결과물을 확인한 현업이 문제점을 제기하면 다시 설계서를 뜯어고쳐야 한다. 또한, 특정기능에 대한 문제가 심화되면서 새로운 기능이 추가되거나 화면의 흐름제어 자체가 변경되는 경우도 빈번하게 일어난다. 이런 상황이 자주 발생하면 개발자의 아이들 타임이나 쓸데없이 시간을 버리는 보어드 타임bored time이 늘어나서 일정을 갉아먹게 된다. 이 때문에 이상하게 하는 것도 없이 바쁜 상황이 자꾸 일어나는 것이다.

　　다음은 실제 프로젝트에서 발생했던 일이다.

"여기에 버튼 하나 넣어주세요"

200개가 넘는 화면을 기획하는 기획자 2명은 초반에 메인 이미지 컨셉과 기타 자잘한 각 화면설계서를 함께 작업 중이었다. 이때 고객의 변덕으로 메인 이미지 컨셉 확정이 지연되었다. 각 컨셉에 맞는 기타업무 화면들을 기획해야 하는 기획자들은 메인 컨셉에 따른 세부 화면들의 변경점을 어느 정도 숙지하고 빠른 협상을 타진 중이었다. 지체되는 일정을 참을 수 없었던 PM은 일단 한 가지 메인 디자인 컨셉과 구성을 가져가고 색감 선택 정도 선에서 현업과의 기획 포인트를 협의했다. 빠르게 화면 설계를 하던 기획자가 디자인을 요청하고 개발자에게 인계했을 때 개발자들은 화면구성의 모순점을 발견하게 된다. 메인 컨셉에서 표시된 상단의 버튼이 업무 화면에는 존재하지 않지만, 그 기능이 사용상의 편의를 위해 꼭 필요하다는 사실이었다. 기획자는 메인 컨셉에 대한 현업과의 지루한 핑퐁게임에서 계속 변경되는 수정사항 때문에 각 업무화면 간의 메뉴 흐름에서 쓸데없이 한 단계씩 더 이동해야 하는 불편사항을 눈치채지 못했던 것이다. 하지만 초반에 인지하지 못한 이런 변경점 때문에 이미 수십 개의 화면이 그대로 개발 중이었고, 이는 현업 입장에서 당연히 받아들일 수 없는 일이었다.

그 당시 기획자는 아무렇지도 않게 "여기에 버튼 하나 넣어주세요"라며 설계를 변경했다. 디자인팀과 개발팀을 통해 그 버튼이 추가됐다. 이 과정 역시 그리 간단하지 않았다는 사실은 굳이 말하지 않겠다. 하지만 결국 현업의 컨펌을 받지 않고 진행한 부분에 대해 현업 측에서는 자신들이 가지고 있던 설계서와 기술명세가 완전히 다르다며 문제를 제기했고, 전체화면에 대해 다시 한번 변경점이 있는지 전수 검사까지 하게 됐다. 이로 인해 조금씩 수정되고 다듬어진 새

IT 개발자의 거의 모든 것

로운 화면설계서가 디자인팀과 개발팀에 배포됐고, 그로 인해 엄청난 야근과 철야에 시달려야 했다.

기획자는 자신의 임의대로 화면설계를 변경하는 것이 절대 불가하다는 사실을 종종 잊는다. 하지만 자신이 추가한 점 하나, 선 하나까지 현업의 눈으로 판단하고 컨펌받아야 한다는 사실을 잊으면 안 된다. 그리고 컨펌받지 않은(컨펌을 받은 문서라도 글자 토씨 하나라도 변경되면 당연히 재컨펌받아야 한다) 설계서는 디자인팀과 개발팀에 절대 배포해서는 안 된다. 자신의 이런 작은 행위가 수많은 팀원 모두를 엄청나게 괴롭힐 수 있음을 인지해야 한다. 아래는 기획 과정을 약식으로 줄인 것이다. 단계마다 현업의 컨펌이 완료되어야 함은 물론이다. 이 기획 과정에서 *표기된 부분을 눈여겨보자.

화면설계서 기획 시작 → 화면의 중요요소(상단, 좌측메뉴, 본 화면) **기획 → 화면의 종류에 대한 흐름 제어 기획**(팝업, 레이어 팝업, 화면이동, 전화면 이동) **→ 업무화면 설계 →** 화면 중요요소 변경* **→ 영향을 받는 각 업무화면 재설계 → 디자인팀 인계 → 개발팀 인계 →** 업무 화면기획 변경* **→ 현업 컨펌 →** 업무 화면기획 변경* **→ 현업 컨펌 → 디자인팀 인계 → 개발팀 인계**

기획자의 부실한 일 처리는 위 사례에서 볼 수 있듯, 컨펌과정을 반복시키고 디자인팀과 개발팀에 엄청난 노동 부담을 안겨준다. 이런 과정을 보면 기획자의 초반 역할은 바다 한가운데 떠 있는 배의 선장과 같다고 할 수 있다. 기획자는 자신이 기획하는 문서를 어떻게 대해야 하고 어떤 식으로 배포해야 하는지를 면밀히 검토해야 한다. 일 처리가 능숙하지 못한 기획자가 프로젝트 전반에 미치는 부정적인 영향은 이루 말로 할 수 없다. PM은 빠르게 이 부분을 인지하고 기획팀을 조율해야 한다. 또한, 개발 작업물에 대한 디자인적인 UX 요소와 개발 기능에 대해서는 그 과실이 기획자에게 상당 부분 있다는 것도 알아야 한다. 디자이너와 개발자는 다만 설계에 따라 충실하게 작업을 진행하기 때문이다. 그들이 보기에 아무리 받아들이기 힘든 화면 요소가 있다 하더라도 그 설계문서는 현업의 최종 도장이 찍힌 결과물이기에 이의를 제기하기는 어렵다.

기술 리스크

다음 예시로 든 프로젝트는 필자가 실제로 수행했던 X마트 문화센터 포팅 프로젝트이다. 10년쯤 전에는 X-인터넷[11]이란 환경이 인기 있었다. X-인터넷이란 웹으로 표현하기 힘든 강력한 UI 기능을 가진 액티브-X 기반의 웹 애플리케이션 세트를 이용하여 프로그래밍하는 경우인데 오늘날에는 거의 사용하지 않는다. 해당 구 프로젝트의 환경은 웹 WAS의 종류 중 하나인 제우스[JEUS] 웹 서버[12]와 EJB[Enterprise Java Beans 13] 환경으로 구현되어 있었는데 이런 환경의 일부 프로그래밍을 스프링 +제우스 환경으로 변경하는 포팅 작업이 주된 요구 사항이었다. 또 결제를 담당하는 결제 모듈의 경우 윈도우에 설치되는 설치형 프로그램과 장비 인터페이스를 수행하여 최종결제 로직이 수행되는 다소 생소한 장비 연동 규격 이슈까지 포함되어 있어서 상당히 난이도가 높은 프로젝트였다. 실무자들도 모든 내용을 숙지하기 힘든 이런 구 시스템을 대부분 그대로 포함하며 만드는 신규 프로그램은 새로운 시스템으로 포팅할 경우 다음과 같은 내용을 개발자가 숙지하고 있지 않으면 개발이 거의 불가능한 상황이 발생한다.

1. 제우스 WAS 서버 설치 운용법.
2. EJB 구현 원리와 스프링 프레임워크의 스펙.
3. GAUCE ACTIVE-X 컴포넌트 세트의 사용법과 운용 스펙.
4. 크로스 사이트 스크립트 이슈의 해결법.
5. 설치형 디바이스 연동 프로그램과의 인터페이스 방법

   (C# 이기종통신).

············

11 우리나라에서는 "X 인터넷" 솔루션이라 많이 불리지만, 전세계적으로 RIA(Rich Internet Application)라는 표현을 많이 사용하고 있다.

12 JEUS(자바 Enterprise User Solution의 준말)는 티맥스소프트사에서 제작한 한국산 웹 애플리케이션 서버(WAS)이다.

13 엔터프라이즈 자바 빈즈Enterprise Java Beans (약칭 EJB)는 기업환경의 시스템을 구현하기 위한 서버 측 컴포넌트 모델이다.

6. 타 시스템(현금영수증, 신세계포인트나 캐시백 같은 각종 포인트 시스템 등)과의 연동.

7. 연동을 위한 소켓 바이트 통신의 기초지식과 전문 통신을 위한 바이트 파싱, 모듈화 능력.

8. 웹의 JSTL[14]의 스펙 활용법.

9. 자바스크립트의 고급 모듈링.

프로젝트에서 만날 수 있는 이슈 중 상당히 난이도가 높은 이슈들이 거의 다 포진되어 있다고 보면 된다. 이 아홉 가지 이슈를 모두 숙지한 개발자는 많지 않다. 보통 2~3가지 정도를 산발적으로 경험해본 경우가 많고 특히 5번 항목을 경험한 개발자는 열 명 중 한 명도 채 되지 않을 가능성이 높다. 특히 이 경우는 기존의 서비스를 유지하면서 이종 서버를 연동하기도 하는데 이종 서버가 하나처럼 동작하기 위한 세션 클러스터링[15]과 URL 맵핑 전략까지 적절히 숙지하고 있어야 한다. 이런 프로젝트를 분석할 때 PM 앞에 놓일 지뢰들을 차례로 살펴보자.

PM과 PL은 프로젝트에 투입되면 먼저 서버의 환경부터 살피게

··············

14 자바 서버 페이지 표준 태그 라이브러리Java Server Pages Standard Tag Library (약칭 JSTL)로 자바 EE 기반의 웹 애플리케이션 개발 플랫폼을 위한 컴포넌트 모음이다.

15 웹 프로그래밍 시 http 서버에서 사용하는 사용자 인증 수단 중 하나인 HTTP REQUEST SESSION 기술을 사용하면 사용자의 접속에 따라 인증 키를 유지시킬 수 있다. 하지만 분산 처리 환경에서는 물리적으로 분산되어 있는 컴퓨터끼리 인증 정보를 공유할 수 없어서 이를 위해 등장한 기술이 세션 클러스터링이란 기술이다.

된다. 이때 제우스 상용 애플리케이션 서버 제품이 눈에 띌 것이다. 제우스는 상용 컴포넌트이기 때문에 흔하게 알려진 무료 오픈소스 웹 애플리케이션 제품군과 다르게 독자적인 세팅과 운영법, 그리고 강력한 지원 스펙이 존재한다. 이런 것들을 미리 알고 있어야 하는데 만약 모른다면 개발을 위해 환경을 설정할 때부터 난감해진다. 제품의 지원을 위해 제작사인 티맥스 소프트의 기술지원을 요청해야 하는데 그 지원 요청 시간 동안 시간을 고스란히 버리게 되기 때문이다. 또 포팅 프로젝트이기 때문에 기존의 소스를 최대한 되살려 사용할 수 있는지를 판단해야 하는데 EJB는 이미 20년 전에 사용된 웹 기술이어서 이 동작 원리에 대해 아무도 모를 수도 있다. 그렇다면 기존의 모듈을 재활용하기 위해 어떻게 프로그램이 동작하는지를 분석하는 데만도 상당한 어려움이 따른다. 이때 기존의 모듈 포팅 전략에 따라 개발해야 하는 양이 엄청나게 차이 난다. 마찬가지로 가우스GAUSE UI 제작 도구 역시, 상용 컴포넌트이기 때문에 해당 컴포넌트의 사용 경험이 없다면 각종 컴포넌트(대략 14종 정도 된다)의 사용법과 주의사항을 모르므로 포팅을 할 때 참고할 기존 소스를 분석하는 것이 상상 이상으로 어려워진다. 또 가우스와 같은 상용 컴포넌트 사용 시 필연적으로 반복되는 소스를 제거하기 위해 JSTL의 고급 모듈링을 이용해야 하는데 이 또한 능숙하게 커스텀 모듈을 제작하는 개발자가 드물다.

서버에서 구현해야 하는 타 시스템 연동으로 넘어가면 문제는 더욱 심각해진다. 현금영수증, 신세계포인트 등 각기 다른 회사들과 데이터 연동을 하는 경우, 각기 다른 데이터 포맷을 사용해야 한다.

JSON, XML, 바이너리 데이터 등 모두 6가지 연동 규격을 맞춰야 하는데 제대로 연동했다고 생각해도 원하는 결과가 도출되지 않으면 다시 수수께끼에 빠진다. 실제로 이 프로젝트에서는 10년차 개발자가 3달 동안 간신히 연동을 불안정하게 마무리했었다. 수많은 날을 지새우며 개발한 것은 말할 필요도 없다.

외부 디바이스를 연동하여 결제 모듈을 붙이는 경우에도 예상 밖의 암초를 만날 가능성이 높다. 웹 브라우저가 외부연결 장비와 통신을 할 수 있는 방법은 많지 않다. 이 프로젝트에서는 로컬에 외부 디바이스 개발자가 띄운 가상의 웹 서버로 데이터를 전송하는 방법을 썼는데, 이런 경우 프로젝트 가장 마지막에 SSL[16]을 적용하게 되면 크로스 사이트 스크립트[17]문제 이슈가 발생한다. 이런 문제는 분석 때 미리 알아보지 못하면 낭패를 당할 가능성이 높다.

위에서 알아본 굵직한 위험인자들은 PM들이 가장 두려워하는 대상이다. 기술적인 이슈들의 경우 프로젝트 팀원 가운데 해당 이슈를 해결할 수 있는 인원이 없으면 PM은 외부에 도움을 요청할 수밖에 없는데 그렇게 되면 일정 지연은 피할 수 없다. 외부에서 새로 지원된 인력은 프로젝트의 전반적인 과정을 모르기 때문에 재교육의

----

16 보안소켓계층Secure Socket Layer은 넷스케이프사에서 개발한 인터넷 보안프로토콜이다.

17 사이트간 스크립팅(또는 크로스사이트스크립 cross-site scripting , 영문약어 XSS)은 웹 애플리케이션에서 많이 나타나는 취약점의 하나로 웹사이트 관리자가 아닌 이가 웹페이지에 악성 스크립트를 삽입할 수 있는 취약점이다. 이 취약점은 웹 애플리케이션이 사용자로부터 입력받은 값을 제대로 검사하지 않고 사용할 경우 나타난다. 이 취약점으로 해커가 사용자의 정보(쿠키, 세션 등)를 탈취하거나, 자동으로 비정상적인 기능이 수행될 수 있다.

IT 개발자의 거의 모든 것

시간이 많이 필요하고, 그 인력도 해당 문제를 해결하지 못한다면 최악의 경우 프로젝트 자체가 중단될 수도 있다. 가장 큰 문제는 이 기술 이슈가 해결되지 않으면 이와 연관된 수많은 화면들의 개발과 테스트까지 모두 중단되는 부차적인 일정 문제를 겪게 된다는 것이다. 그 과정에서 PM은 많은 스트레스를 받고 해당 문제를 해결하기 위해 팀원들과 끝이 없는 야근을 하게 된다.

이보다 훨씬 다양한 문제가 있지만 간략하게 요약을 해봤다. 만만하지 않은 여러 문제들을 하나하나 해결해 나가는 동안 지식이나 경험의 한계로 인해 일정을 산정하는 데 큰 어려움이 따르면 이는 결국 프로젝트의 리스크로 돌아온다.

상황에 대한 해결책을 모르는 무지에서 발생하는 스트레스는 프로젝트가 종료될 때까지 계속되게 된다. 이런 스트레스는 비단 PM만이 짊어지는 것은 아니다. PM이 믿는, 또 PM을 믿고 따르는 팀원들 또한 이 위험을 함께 공유하며 고통을 분담한다.

자원 리스크

자원 리스크는 첫 발주단계에서 너무 저가로 수주되어 막상 프로젝트의 분석을 해보니 해당 인원과 자원으로 수행을 하는 것이 거의 불가능한 경우이다. 이런 경우 프로젝트 기간 내 일정을 맞추기 위해 최대한의 야근과 철야가 이어지며 그럼에도 불구하고 낮은 품질의 프로그램이 탄생한다. 그것만으로도 부족하여 프로젝트 일정이 연기되어 몇 달의 추가 개발 기간이 발생하기도 한다. 실제 시장에서 이런 경우가 많이 있다. 그 이유는 단순하다. IT 지식이 부족한 영업팀이 프로젝트에 대한 분석을 선행하지 않은 채 실적을 위해 저가로 프로젝트를 무작정 수주하기 때문이다. 이런 프로젝트는 필자도 종종 겪는 일이다. 필자가 겪은 다음 프로젝트도 그중 하나다.

XX 기관 프로젝트는 기존의 대규모 기관 통합 포털을 기존 IE 환경뿐만 아니라 크롬 브라우저 환경에서도 사용할 수 있도록 하는 것이었다. 크롬 브라우저에서 생기는 문제점을 수정하는 선에서 마무리할 수 있을 거라는 얕은 분석을 마치고 수주가 진행되었다. 그러나 해당 사이트는 X-인터넷 가우스 UI 기반이었고, 이 컴포넌트는 IE 환경에서밖에 동작하지 않는다. 가우스를 개발한 회사에서는 크롬과 같은 현대적인 브라우저에서도 잘 동작하는 '제나XENA'라고 부르는 새로운 제품을 개발하여 제공하고 해당 사이트를 제작하기 위해 기술 지원까지 해주었다. 그러나 당초 계획했던 가우스 포팅 프로젝트가 새로운 제품인 제나로 재개발하는 프로젝트로 변경되면서 다음과 같은 문제점이 생겨났다.

- 가우스 프로그래밍에 대한 개발자들의 높은 기술이해도가 필요함.
- 제나 제품의 기능이 가우스보다 더욱 잘 제공되어야 재개발이 가능함.
- 제나 프로그래밍에 대한 개발자들의 높은 기술이해도가 필요함.

IT 개발자의 거의 모든 것

- 제나로 해결할 수 없는 여타 ACTIVE-X들의 대비책이 필요함.
- 제나의 UI 처리성능이 가우스만큼 좋아야 함.
- 개발양이 상당히 늘어났기 때문에 기간과 인원수 조정이 필요함.

가우스와 제나를 동시에 능숙히 사용하는 개발자가 없는 데다 제나 제품의 부족한 완성도로 인해 결국 1년 동안 공정률 30% 정도밖에 나오지 않은 실패한 프로젝트가 되었다. 무엇보다 큰 문제는 일부 핵심 기능은 소스양 자체가 몇만 라인이나 될 정도로 재개발 양이 압도적으로 많다 보니 배겨낼 개발자가 없었다는 것이다. 결국 수많은 개발자들이 오랜 야근과 철야를 참지 못하고 퇴사하기도 한 힘든 프로젝트였다.

기타 리스크

이 외에도 하청 업체가 개발자 등급을 속여서 생산성이 낮은 개발자가 들어오거나 금융권 특유의 개발환경 (보안을 이유로 인터넷이 제한되고 개발을 위한 로컬 지원환경이 매우 제한적인 경우가 많다)으로 인해 개발이 원활하지 않음에도 일반적인 일정으로 압박하는 경우, 현업의 지원이 필연적인 업무에서 현업이 비협조적인 경우도 있다. 팀원의 개인적인 성향으로 인해 불화가 일어나거나 피치못할 사정으로 퇴사를 하게 되는 경우도 존재한다. 많은 프로젝트들이 이런 위험 요소에 대한 안전장치가 부족한 상황에서 수행된다. 필자는 그중에서도 가장 큰 위험 요소는 이런 위험 인자들에 대한 PM 교육의 부재라고 생각한다. 많은 IT 기업들이 일정 경력이 채워진 개발자를 아무런 리더십 교육 없이 현장의 PM으로 기용하는 경우가 많기 때문이다. 이는 기업이나 개개인에게 모두 상처로 남는다.

3

프로그래밍
작업의 가치

BEGIN

앞에도 언급했듯이 IT 기술력이란 무협지 주인공의 내공과 비슷한 면이 있다. 자신의 무공을 숨기고 세상을 돌아다니는 재야의 고수는 겉으로 봤을 때 그냥 일반인과 다를 바가 없다. 하지만 강력한 적을 만나면 무공으로 제압하는데, 적은 주인공의 강력한 무공에 속절없이 무너지기 일쑤다. 주인공은 피를 흘리며 쓰러진 적을 내려다보며 이렇게 말한다.

"천하를 호령한다는 너의 무공은 알고 보면 잡스럽고 요사스러운 눈속임에 불과하구나."

위의 이야기는 사실 대단한 실력을 가졌던 무협광 개발자분이 하신 우스갯소리다. 그분의 말대로 개발이라는 분야는 무공과 닮아있다. 상대방의 코딩 한 줄만 봐도 대략적인 기술력의 높고 낮음이 보인다.

그런데 나보다 높은 기술력을 가진 개발자를 보면, 기술력이 높다는 건 알겠는데 얼마나 높은지는 가늠이 되지 않는다. 게다가 기술력이란 같은 경력, 같은 나이의 개발자라고 하더라도 그 차이가 하늘과 땅만큼 나기도 한다. 잘 연마된 특급 개발자 한 사람이 능히 초급 100명의 몫을 한다고 하면 믿겠는가? 또 난이도가 몹시 난해하고 어려운 과제가 존재할 경우 실력이 뛰어난 개발자가 팀에 없다면, 그 프로젝트를 수행하지 못하는 상황도 얼마든지 발생한다. 이렇게 프로젝트를 수행하는 개발자들은 수치화할 수 없는 노동력의 격차를 가지고 있다. 그렇다면 이런 기술력에 우리 사회가 어떤 대가를 지불하고 있는지 알아보자.

SW 개발자 노임단가

우리나라 개발자의 노임단가에 대한 가이드는 소프트웨어 기술자 협회에서 공시하고 있다. 미리 이야기하지만, 이 표는 실제 노임을 교묘히 부풀렸다고 비난을 받는 협회 자료이니 참고만 하자.

다음의 자료를 보면 초급 기능사의 월 급여는 대략 251만 원이다. 4년제 대졸자의 초급 기술자 기준을 업계에서 6년 미만으로 인정하는 경우(사실 기술자 협회의 기준과 상이한 경우가 많다)가 보통이니 보면 평균 연봉은 30,188,616원(대략 3000만 원)이다. 또한 특급기술자를 기준으로 계산해보면 월급은 8,451,914원(대략 845만 원) 연봉은 101,422,968원(대략 1억 100만 원) 이다.

〈평균임금 SW사업대가 활용시 유의사항〉

구분	인원	일평균임금(M/D)			월평균임금 (M/M)	시간평균 임금(M/H)
		2017년	2018년	(증가율)		
기술사	295	452,611	462,072	−2.1	9,611,098	57,759
특급기술자	15,526	391,068	406,342	−3.9	8,451,914	50,793
고급기술자	8,742	305,353	305,433	0	6,353,006	38,179
중급기술자	9,104	239,506	239,748	−0.1	4,986,758	29,969
초급기술자	11,363	191,320	215,681	−12.7	4,486,165	26,960
고급기능사	99	191,177	194,340	−1.7	4,042,272	24,293
중급기능사	200	158,490	158,597	−0.1	3,298,818	19,825
초급기능사	233	114,914	120,948	−5.3	2,515,718	15,119
자료입력원	204	113,959	117,145	−2.8	2,436,616	14,643
계/평균	45,766	289,473	302,665	−4.6	6,295,432	37,833

※ 본 조사 결과는 SW사업에서 반드시 활용해야 하는 강제사항은 아님
※ 등급별 평균임금은 2019년에는 공표하지 않고, IT 직무별 평균임금을 공표할 예정임
• SW 기술자 평균임금은 소프트웨어산업진흥법 제22조(소프트웨어사업의 대가 지급) 4항 '소프트웨어기술자의 노임단가'를 지칭함
• SW 기술자 평균임금은 기본급, 제수당, 상여금, 퇴직급여충당금, 법인부담금을 모두 포함한 결과임
• 월평균 임금은 일평균*근무일수(20.8일), 시간 평균 임금은 일평균÷8시간으로 각각 산정함
• 월평균 근무일수는 업체가 휴일, 법정공휴일 등을 제외하여 응답한 근무일의 평균이며, 이는 개인의 휴가 사용 여부와는 무관함
• SW 기술자 평균 임금은 2017년 대비 4.6% 증가함
• DB 구축비 대가 기준 가이드에서 활용되는 자료입력원 평균임금 내 기본급은 2018년 93,287원임

[시행일] 2018년 9월 1일부터 2019년 8월 31일까지 적용

IT 개발자의 거의 모든 것

노임단가에 대한 표기를 소프트웨어 산업협회에서는 '소프트웨어 기술자 노임 대가'라고 쓰고, 미래부에서는 '임금실태조사 결과'라고 쓰고 있는 것에 유의하자. 개발자의 등급에 대한 기준도 명확히 있다. 이 기준에 따라 개발자의 단가가 산정되며 개발자의 노동 가치를 알 수 있다.

사실 이 등급제는 2012년 11월 24일부터 폐지되었다. 따라서 효력도 없다. 하지만 정부 기관이나 일부 대형 사이트에서는 여전히 이 기준을 이용하여 급여 적용을 하고 있다. 물론 이 기준을 점차 사용하지 않는 추세이기는 하다. 대략적인 기준으로 알고 참고만 하기 바란다.

위 자료에 따르면 대학교에서 정보처리기사 자격증을 따고 졸업을 하면 대략 5,000만 원의 연봉으로 시작하고, 3년 후 중급 인정을 받으면 대략 6,000만 원의 연봉을 받을 수 있다는 계산이 된다. 이 표에 공시된 내용으로 보면 개발자의 임금은 나쁘지 않은 편이다. 하지만 아래와 같은 첨부 설명을 보면 이 표의 수치가 부풀려져 있음을 알 수 있다.

* 상기 결과는 일급여 기준이며, 기본급여 + 제수당 + 상여금 + 퇴직급여충당금 + 법인부담금을 모두 포함한 결과임.

이 항목으로 보아 위 금액에는 기본급 외에도 야근, 휴일 수당 및 상여금, 퇴직금, 고용보험처럼 회사에서 부담하는 비용까지 포함되어 있다는 것을 알 수 있다. 필자의 경험으로 보자면 실수령액은 위 금

〈2018년 SW기술자 평균임금 – IT직무별〉

구분	일평균임금(M/D)	월평균임금(M/M)	시간평균임금(M/D)
(1) IT 기획자	316,403	6,581,182	39,550
(2) IT 컨설턴트	443,652	9,227,962	55,457
(3) 정보 보호 컨설턴트	212,881	4,427,925	26,610
(4) 업무분석가	413,856	8,608,205	51,732
(5) 데이터분석가	292,480	6,083,584	36,560
(6) IT PM	377,354	7,848,963	47,169
(7) IT PMO	323,207	6,722,706	40,401
(8) SW 아키텍트	342,701	7,128,181	42,838
(9) 인프라 아키텍트	343,040	7,135,232	42,880
(10) 데이터 아키텍트	339,179	7,054,923	42,397
(11) UI/UX 개발자	208,809	4,343,227	26,101
(12) 응용SW 개발자	260,046	5,408,957	32,506
(13) 시스템SW 개발자	235,596	4,900,397	29,450
(14) 임베디드SW 개발자	256,186	5,328,669	32,023
(15) 데이터베이스 운용자	291,249	6,057,979	36,406
(16) NW 엔지니어	316,056	6,573,965	39,507
(17) IT 시스템운용자	247,442	5,146,794	30,930
(18) IT 지원 기술자	307,532	6,396,666	38,442
(19) SW 제품 기획자	253,055	5,263,544	31,632
(20) IT 서비스 기획자	253,563	5,274,110	31,695
(21) IT 기술영업	368,834	7,671,747	46,104
(22) IT 품질관리자	367,144	7,636,595	45,893
(23) IT 테스터	183,091	3,808,293	22,886

IT 개발자의 거의 모든 것

(24) IT 감리	238,242	4,955,434	29,780
(25) IT 감사	290,773	6,048,078	36,347
(26) 정보 보호 관리자	225,306	4,686,365	28,163
(27) 침해 사고 대응 전문가	197,358	4,105,046	24,670
(28) IT 교육 강사	267,067	5,554,994	33,383
(29) 자료입력원	117,145	2,436,616	14,643
계/평균	302,665	6,295,432	37,833

- SW 기술자 평균임금은 기본급, 제수당, 상여금, 퇴직급여충당금, 법인부담금을 모두 포함한 결과임
- 월평균 임금은 일평균*근무일수(20.8일), 시간 평균 임금은 일평균÷8시간으로 각각 산정함
- IT 직무 중 (3) 정보 보호 컨설턴트, (24) IT 감리, (25) IT 감사, (27) 침해 사고 대응 전문가, (28) IT 교육 강사는 유효응답표본이 적어 활용 시 유의해야 함
- IT 직무 중 (12) 응용 SW 개발자 숙련도별 평균임금(숙련도, M/D) : (상) 312,270원, (중) 233,632원, (하) 190,872원 (숙련도 기준은 응답 업체 자체판단으로 분류됨)
- 자료입력원은 IT 직무에 해당되지 않음

액에서 30% 정도가 공제된 액수다.

그렇다면 위와 같은 자료는 어떻게 해서 나오게 된 것일까? 한국 소프트웨어 산업협회에서 SW 근무자를 대상으로 조사한 임금 현황을 각 기업에 문의하여 나온 결과이다. 기업 입장에서는 위와 같은 대답을 하였고, 한국 소프트웨어 산업협회는 SW 사업비 산정을 위한 참고용으로 임금 통계 자료를 만든 것이라는 입장을 발표했다. 즉, 실제 개발자가 받는 임금을 표기한 것이 아니라는 말이다.

위의 자료에는 개발자의 객관적인 임금을 알기에는 불필요한 항목들이 많이 들어 있지만, 그렇다고 아주 허황하다고 볼 수는 없

〈소프트웨어 기술자 등급분류 기준표 (2014)〉

구분	기술자격자	학력·경력자
기술자	• 기술자	
특급기술자	• 고급기술자 자격 취득 후 3년 이상 소프트웨어 기술 분야에서 일정기간 경력을 갖추거나 근무한 사람	
고급기술자	• 중급기술자 자격 취득 후 3년 이상 소프트웨어 기술 분야에서 일정기간 경력을 갖추거나 근무한 사람 • 박사학위를 가진 자로서 기사자격을 취득한 자	
중급기술자	• 기사의 자격을 취득한 자로서 3년 이상 소프트웨어 기술 분야에서 일정기간 경력을 갖추거나 근무한 사람 • 산업기사의 자격을 취득한 자로서 7년 이상 소프트웨어 기술 분야에서 일정기간 경력을 갖추거나 근무한 사람 • 기사자격을 취득한 자로서 석사학위 취득 후 2년 이상 소프트웨어 기술 분야에서 일정기간 경력을 갖추거나 근무한 사람	
초급기술자	• 기사 자격을 취득한 자 • 산업기사 이상의 자격을 취득한 자	• 전문학사 이상의 학위를 가진 자 • 고등학교를 졸업한 후 3년 이상 소프트웨어 기술 분야에서 일정기간 경력을 갖추거나 근무한 사람
고급기능사	• 산업기사의 자격을 취득한 자로서 4년 이상 소프트웨어 기능 분야에서 일정기간 경력을 갖추거나 근무한 사람 • 기능사의 자격을 취득한 자로서 7년 이상 소프트웨어 기능 분야에서 일정기간 경력을 갖추거나 근무한 사람	
중급기능사	• 산업기사의 자격을 취득한 자 • 기능사의 자격을 취득한 자로서 3년 이상 소프트웨어 기능 분야에서 일정기간 경력을 갖추거나 근무한 사람	
초급기능사	• 기능사의 자격을 취득한 자	

IT 개발자의 거의 모든 것

다. 필자의 경험상 현장의 많은 개발자들은 중소기업 일반직종의 연봉보다 약 10%에서 30% 정도 더 받는다고 알고 있다. 가끔 뛰어난 실력과 커뮤니케이션 능력을 가진 몇몇 개발자들은 30대의 젊은 나이에 6천~7천만 원대의 연봉을 받는 것도 많이 보았다. 개발자의 능력치를 수치화할 수는 없지만 수년을 함께 일한 기업에서는 그 개발자의 가치를 당연히 알아봐 준다. 게다가 52시간 근무제 같은 정책이 제대로 시행되고 야근이나 철야에 대한 충분한 보상이 이루어진다면 가장 혜택을 받는 업종은 개발자가 될 수도 있다.

위의 자료만으로 알 수 없는 사실이 하나 더 있다. 소프트웨어 개발자는 엄연히 전문직이기 때문에 프리랜서로 활동이 가능하다는 점이다. 우리나라의 경우 현재 일감이 많은 자바 웹 분야에 가장 많은 프리랜서가 활동하고 있다. 디자이너들 또한 재택근무의 형태로 많은 일감들을 받아서 수행하고 있다. 이런 프리랜서 시장은 지인이나 구직 사이트를 통해 이어지고 있으며 이랜서, 잡코리아 등에서 자유롭게 참여가 가능하다.

프리랜서로 활동하기

개발자의 경우 프리랜서로 활동하면 좀 더 높은 보수를 기대할 수 있다. 일반적으로 소프트웨어 기술자 등급에 따라 단가가 정해지며, 2018년 기준, 시장에서는 초급이 월 300(단위: 만 원)에서 400, 중급이

400~500, 고급이 500~700선에서 활동을 하고 있으며, 특수한 장비나 임베디드 분야의 C 개발자는 단가가 천정부지로 솟기도 한다. 보통 서른 중반의 나이면 고급 개발자로 활동하는데, 연 7,000만 원의 수입이면 대략 6,000만 원 정도의 정규직 보수를 받는다고 생각할 수 있다.

한 가지 첨언하자면, 국내 개발자가 생각보다 많이 받는다고 생각할 수 있지만 외국의 경우 소프트웨어 개발자는 정규직 연봉이 평균 1억 원이 훨씬 넘는 일이 다반사다. 이러한 사실을 생각하면, 결코 국내 개발자가 보수를 많이 받는다고 할 수 없다. 또한 야근과 철야가 비일비재한 직종이라서 이직을 원하는 개발자가 많은 현실이다.

필자가 사회로 이제 막 나온 개발자들에게 가장 많이 받은 질문 중 하나는 "언제 어떻게 프리랜서를 할 수 있을까요?"였다. 그만큼 프리랜서를 선망의 대상으로 여기는 사람도 많았고 두려워하는 사람도 많았다. 프리랜서를 할 수 있는 자격 요건은 따로 없다. 원한다면 개발 1년 차부터 프리랜서를 해도 상관이 없다. 하지만 프리랜서는 자기 PR의 영향이 강하기 때문에 경험과 요령이 없으면 고생을 하는 경우가 많다. 프리랜서 개발자로 일하고자 할 때의 주의점을 알아보자.

내 기술력은 내가 가장 잘 안다

앞서 어떤 개발자의 기술력은 그보다 더 높은 기술력을 가진 개발자가 알아본다고 한 말을 기억하는가? 그렇다면 프리랜서의 기술력은 어떻게 측정해야 할까? 결론부터 말하자면, 측정이 불가능하다. 그럼

수많은 프로젝트에서는 프리랜서들이 어느 정도의 기술력을 갖췄는
지도 모르고 구인한다는 말인가? 어느 정도 맞는 말이다. 아무리 이
력서를 봐도 그 개발자의 실제 기술력은 알 수가 없기 때문이다.

다음의 표는 필자가 과거에 수행했던 프로젝트 인벤토리의 일
부다. 프로젝트의 기술력 심사는 보통 구직하는 개발자의 경력 인벤
토리를 보고 그동안 어떤 프로젝트를 수행해 왔는지를 살펴보는 것
으로 시작된다. 그 뒤에 개발자의 연차를 본 후, 인성 면접을 수행하
고 실제 프로젝트 투입 여부를 결정한다. 개발자의 기술력에 대해 직
접 물어보기도 하는데 업계의 특성상 '어떤 기술이 중급에 해당하는
가'와 같은 규칙이 있는 것이 아니기 때문에 큰 의미는 없다. 그렇다
면 개발자가 이력서를 거짓으로 올리고 말을 청산유수처럼 하면 고
액의 프로젝트를 따낼 수 있을까? 가능하다. 하지만 실제로 프로젝트
에 투입되면 그곳의 뛰어난 개발자들에게 일주일도 되지 않아 낱낱
이 자신의 밑바닥을 드러내게 될 것이다. 고급 기술자로 자신을 포장
해 프로젝트에 참여한다면 당연히 팀에서는 수준 높은 업무를 할당
할 것이고, 또 매우 빠르게 처리할 것을 기대하기 때문이다. 여차하
면 프로젝트에서 강제로 퇴출당할 수도 있다.

그런데 현실에서는, 불행인지 다행인지, 개발자들이 자신이 가
진 기술력보다 낮은 대우를 받고 프로젝트에 참여하는 경우가 많다.
그 이유 또한 중급과 고급 개발자를 가르는 명확한 기준치가 존재하
지 않으며, 프로젝트에 지원하는 개발자가 자신의 기술력 정도를 알
지 못하기 때문이다. 개발자는 자신의 기술력에 자신이 없을 수 있고

〈필자가 과거 수행했던 경력 인벤토리의 일부〉

프로젝트	참여기간	고객사	담당업무	역할	개발환경		
					적용기술 및 도구	DBMS	SERVER
프레임워크 변환	2010.10 ~ 2011.02	한화 손보	화재특종 07군 프로그램 변환 및 테스트	개발	자바, ECLIPSE	Oracle 10i	TOMCAT 5.x
통계관리 프로그램	2010.06 ~ 2010.09	삼성 화재	자동차계약 통계화면 개발	개발	자바, JSP, ECLIPSE	Sysbase 6.0	WEBLOGIC 9.x
영마트 쇼핑몰	2010.03 ~ 2010.6	영마트	영마트 쇼핑몰, 데이터베이스 설계, 웹표준 디자인 적용, 관리자 모드 개발	설계 / 개발	자바, JSP, ECLIPSE	MYSQL	TOMCAT 5.x
전자세금 계산서 ASP사업	2009.02 ~ 2010.03	기웅 정보 통신	국세청 계산서 연동 시스템 개발	설계 / 개발	자바, JSP, ECLIPSE	MSSQL 2005	JEUS 5.x
Web FTS 시스템 추가개발	2008.11 ~ 2009.01	뉴욕 생명	상품설명서, 출력물 버전처리 시스템 개발	개발	자바, JSP, ECLIPSE	Oracle 9i	JEUS 5.x
Tax-Save 법인카드 관리 시스템 구축	2008.08 ~ 2008.11	롯데 카드	웹 사이트 전반적인 개발	개발	자바, JSP, ECLIPSE	Oracle 9i	WEBLOGIC 8.x
TM 상품 추가개발	2008.07 ~ 2008.08	금호 생명	해약 환급금 모듈, 연금모듈 개발	개발	자바, JSP, ECLIPSE	Oracle 8i	JEUS 5.x
CMS 통신모듈 개발	2008.05 ~ 2008.06	외환 은행	통신전문, 파일 스케줄러 개발	개발	자바, ECLIPSE		

IT 개발자의 거의 모든 것

또 너무 큰 기대를 심어주면 프로젝트 참여시 자신이 소화할 수 있는 업무량보다 더 많은 일을 받을까 두려운 마음이 들 수 있다. 하지만 프리랜서로 활동하는 개발자에게는 한 가지 확실한 기준점이 있어야 한다. 그것은 개발자 자신의 마음이다. 초급 연차, 중급 연차, 고급 연차가 되었을 때 스스로 자문해보면 된다. 나는 진짜 초급을 넘어 중급기술을 지니고 있는가? 혹은 난 정말 고급 업무를 무리 없이 수행할 수 있는가? 이때 마음속의 대답이 "글쎄? 이 정도면 되지 않을까?"라면 당신은 아직 그 수준에 도달하지 못한 것이다. 자신이 충분히 고급 개발자로 계약을 할 수 있는 기술력을 가졌다면 마음속에 "난 고급정도는 충분히 가능하지"라는 확신이 있어야 한다. 어떤 기술이든, 어떤 업무든 가리지 않고 말이다. 이런 확신이 서지 않는다면 자신이 연차를 뛰어넘는 기술 상승력을 아직 얻지 못했다는 의미다. 더욱 공부에 박차를 가해야 한다는 뜻이다.

이미지 메이킹

프로젝트 기간은 통상 3개월과 6개월이 가장 많다. 이 말은 여러분이 프리랜서로 활동하게 되면 3~6개월 간격으로 끊임없이 면접을 보고 다녀야 한다는 말이 된다. 프리랜서의 경우 딱히 복장에 대한 규정은 없다. 심지어 추리닝을 입고 면접을 봐도 되지만, 아마 계약으로 이어지기는 힘들 것이다. 면접을 보는 자리는 자기 자신의 가치를 스스로 증명하는 자리이기 때문이다. 생판 처음보는 남에게 불과 20~30분 만에 강한 인상을 남겨야 한다. 면접을 보는 사람의 이미지는 당연히 임금에도 적지 않은 영향을 미친다. 오랫동안 프리랜서 생활을 한 필자는 늘 세미정장 차림을 유지했다. 컴퓨터와 밤새 씨름을 할 때도 되도록 반듯한 차림을 하려고 신경 썼다. 물론 이것은 필자의 성향이지만 새로운 직장에서 처음 상대하는 수많은 사람들과 일을 할 때는 자신의 이미지를 일관되게 유지하는 것이 큰 도움이 된다. 반듯한 인상과 기술력 그리고 이해심과 배려심을 겸비한다면 대단히 높은 확률로 재계약이 될 것이다. 더 좋은 대우는 덤으로 따라온다. 그리고 옷차림이나 말솜씨보다 이미지에 큰 영향을 미치는 것이 바로 근태이다.

많은 프리랜서 개발자들은 근태가 좋지 않다. 지각을 많이 하기도 하고 PM의 허가 없이 무단결근도 일삼는다. 잦은 조퇴 또한 프리랜서 개발자들의 이미지를 망치는 요인이다. 프리랜서 개발자 중 일부는 자신이 수행하는 프로젝트도 어차피 3개월이면 끝나고, 그 후에 자신은 새로운 곳으로 이동한다는 마인드를 가지고 있다. 이런 마인드는 생각보다 많은 곳에 부정적인 영향을 미친다. 이는 해당 프로젝트의 결과에도 악영향을 미치지만, 진짜 무서운 것은 은연중에 그런 마인드가 습관화된다는 것이다. 이런 생각을 갖고 있는 개발자는 무책임한 코드를 양산하고 어려운 업무를 회피하며 그 회피를 위해 그럴싸한 변명을 찾는다.

뛰어난 개발자는 자신의 힘으로 해당 프로젝트를 성공으로 이끌지만, 프로젝트에 뛰어난 개발자가 없는 경우 야근과 철야로 점철된 프로젝트를 수행하게 된다. 그렇게 되면 무리한 프로젝트로 인해 피곤과 사투를 벌이게 되고 나아가 질병과도 싸우게 되는데, 이러한 상황은 자신의 기술을 제대로 연마할 수 없게 만들어 개발자를 악순환의 늪에 빠지게 한다. 고통스러운 프로젝트를 수없이 반복하고 있다면 자신을 한번 돌아봐야 할 것이다.

이력서 관리

기술력에 대한 기준치 검증이 쉽지 않다고 해서 이력서 관리를 게을리해서는 안 된다. 오히려 더 관리해야 한다. 이력서를 프로젝트 관리자의 마음에 쏙 들게 관리한다면, 그만큼 자신의 존재를 알릴 기회를 많이 만들 수 있을 것이다. 필자는 이력서를 수도 없이 받아보는 입장에서, 이력서에 어떤 이력이 포함되어 있으면 더 눈길이 가는지에 대한 나름의 기준치가 생겼다. 아마 IT 관리자들은 대부분 비슷한 가산치 기준점들을 가지고 있을 듯하다. 필자가 IT 개발자를 구인할 때 눈여겨보는 이력서의 내용은 다음과 같다.

1. **경력 인벤토리의 프로젝트 경험**
2. **4년제 학사 소프트웨어 공학 졸업 여부**
3. **IT 개발 연차 수**
4. **정보처리 기사 자격증**
5. **기타 여러 가지 자격증**
6. **프로그램별 기술등급**
7. **나이**

전문 기술이 중요한 직종인 만큼 자기소개서는 거의 살펴보지 않는다. 이전에 수행했던 프로젝트의 경험을 우선적으로 살펴보는데 일단 프로젝트가 1~2개월짜리가 많은 경우는 좋지 않은 인상을 줄 수 있다. 재택근무가 많거나 중간에 경력이 오랫동안 끊어진 경우도 우선순위에서 밀린다. 공식적인 필수요건은 아니지만 KOSA(한국 소프트웨어 산업협회) 기술자 등급관리제에 등록이 되어 있으면 우선적으로 가산점을 주기도 한다. 강제성이 없는 KOSA에서 등급관리를 하고 있다는 것 자체만으로도 직종에 임하는 자세를 어느 정도 대변하기도 하고 KOSA에 기술경력을 등록하기 위해서는 프로젝트 계약 주체와의 계약서를 꼭 첨부해야 하기에 믿을 수 있는 기준이 되기 때문이다.

꼭 그런 것은 아니지만, 많은 개발자와 일을 하다보면 아무래도 4년제 대학에서 소프트웨어 전공을 수료한 개발자가 이해력이나 기술이 더 좋은 편이다. 개발자 중에는 관련학과 출신이 아닌 경우가 많다. 학원에서 단기 과정을 수료하고 개발 직종에 뛰어든 경우도 상당히 많기 때문에 자연스럽게 비교가 되고는 한다. 일반적으로 졸업 후, 중소 소프트웨어 개발회사에 취업을 하면 그 첫날부터 경력으로 계산하는데 프로젝트 일선에서는 1~3년 차를 초급, 4~9년 차를 중급, 10년 이상을 고급으로 분류한다. 물론 앞서 살펴본 소프트웨어 기술자 등급분류 기준표를 참고한다.

정부기관이나 일부 금융사의 프로젝트에서는 정보처리 기사 자격증의 유무를 따진다. 그렇기 때문에 자바 SI 프로젝트를 수행하게

IT 개발자의 거의 모든 것

될 경우 정보처리 기사 자격증은 선택이 아니라 필수다. 정보처리 기사는 4년제 대학교 수료 이전에도 응시할 수 있기 때문에 가급적 빠르게 따는 것이 좋다. 기타 자격증은 대부분 큰 상관은 없지만, 오라클의 OCA, OCP, OCM 같은 자격증은 데이터베이스 부분의 취업에 큰 도움이 된다. 하지만 클라이언트 응용 프로그래밍 영역에서는 크게 힘을 쓰지 못한다.

경력 기술서에는 전체적으로 자바, DB, 자바스크립트 등에 대해 스스로 부여한 기술 등급을 명시하기도 한다. 자신이 스스로 명시한 등급은 때로 중요한 참고사항이 될 수 있다. 보통 자신이 없는 개발자는 자신의 등급을 책정하는 것을 두려워하기 때문이다.

우리나라의 IT는 급변하고 있지만 아직은 매우 젊은 축에 속한다. 닷컴 버블 때에 들어온 수많은 개발자들은 각 기업에서 아직 활발히 일하고 있다. 당시 20대였던 개발자는 아직 마흔도 되지 않은 나이다. 한창 때의 개발자였다면 지금 마흔 중후반으로 기업의 높은 직책에 근무하고 있을 가능성이 높다. 엄밀히 말하자면, 아직 IT 1세대도 은퇴하지 않은 것이다. 그렇기 때문에 프로젝트를 수행할 때 주변을 둘러보면 대부분이 30~40대 개발자이다. 닷컴버블 이후 인력풀의 거품이 지속적으로 사라져 왔기 때문에 현재 20대 개발자들이 다소 줄어들었지만, 개발 일선에서 주력 개발자의 나이대는 20~30대 개발자들이다. 그래서 프로젝트 수행시 많은 관리자들이 30대 개발자를 가장 좋아한다. 적당히 일을 잘하고 손아랫사람으로 일을 시키기도 수월하기 때문이다.

〈기술 경력서 예시-자기소개서 부분 제외〉

개 인 이 력 카 드

1. 신상기록

소속	자신의 소속		연락처	010-0000-0000
				xxxx@naver.com
성명	홍길동	주민번호	990000-1000xxx	성별	남
직급	대리	연락처	010-0000-0000	경력	3년 01개월

2. 학력

XX 고등학교(서울시 XX 소재) 졸업 2000년 02월
XX대(XX소재) 소프트웨어 공학부 졸업 2006년 06월
졸업   년   월
졸업   년   월

3. 자격증 & 공인자격증

자격증명	취득일
정보처리기사 1급	2007.05

4. 소속 경력

회사명	기간	직위	담당업무
XX 정보통신(주) 금융사업부	2007.05 ~ 2010.05	대리	설계, 계발

5. 교육

교육명	시작일	종료일	기관

3. 자격증 & 공인자격증

특수기술	숙련도
자바/EJB/SERVLET	상
C++(MFC, 닷넷)	중
VISUAL BASIC	중
C#	중
ANDROID	상
SWING	상

프로젝트	참여기간	고객사	담당업무	역할	개발형식		
					적용기술 및 도구	DBMS	SERVER
xx IOT 플랫폼	2015.10 ~ 2016.10	xx 정보통신	IOT 단말기들의 백엔드 시스템 하이브리드 앱 설계 및 개발	설계, 계발	WEB(JSP, JQUERY, 자바, AJAX), MOBILE, IOT DEVICE CONTROLE, NTEL MAS, MQTT, AMAZON WEB SERVICE	MYSQL	TOMCAT 8X

그럼 이력서는 어떤 양식을 사용하는지 궁금할 수도 있을 것이다. 딱히 정해진 이력서 양식은 없다. 다만, 우리나라의 대표 기업인 삼성에서 만든 포맷이 널리 쓰이는 듯하다.

SI 프로젝트를 많이 수행하고 싶다면 되도록 경력 관리에 신경을 쓰는 것이 좋다. 좋은 이력서는 프로젝트 관리자의 마음에 드는 이력서를 말한다. 4년제 소프트웨어 학과를 졸업하고 정규직으로 입사하여 약 3년여의 SI 프로젝트 경험을 쌓을 때는 금융, 공공 SI 위주로 수행하는 것이 좋다. 그러면 경력 인벤토리에 해당 프로젝트 수행 경험이 차곡차곡 쌓이게 되는데, 경력의 약 60% 이상이 금융, 공공이면 SI 관리자들은 대부분 선호한다. 하지만 그 분야의 경력을 쌓지 못했다 해도 큰 걱정을 할 필요는 없다. 성실하게 프로젝트를 수행하며 10년여의 세월이 지나고 수많은 경력이 생기면, 그런 요소들은 그다지 큰 영향을 주지 못하기 때문이다.

창업에 도전하기

자신의 기술 가치를 확실히 체감해 보는 방법으로는 창업이 있다. 많은 사람들이 창업을 무언가 대단한 것으로 생각하는데, 앞서 이야기했던 자기만의 프로젝트를 돈을 받고 팔면 그게 바로 창업이다. 식당을 내는 것과 다를 것 없이 개인 사업자를 내고 자신이 만든 프로그램을 팔고 돈을 받으면 창업자이자 사장이 되는 것이다. 자신이 시간

▶ 개발자 성공신화의 대표적인 예, AVPlayer.

을 내 짬짬이 개발한 제품이기 때문에 추가적인 창업자금이 들지도 않는다. 안 팔리면 그냥 다른 것을 다시 만들면 되기 때문이다. 이렇게 생각해 보면 사실 창업을 하기 가장 좋은 직종은 IT 분야라고 할 수 있다. 자신의 컴퓨터와 두 손으로 자본 없이 손쉽게 장터에서 프로그램을 팔 수 있기 때문이다. 요즘은 안드로이드 앱 장터나 아이폰의 iOS 앱 스토어에 프로그램을 만들어 올리는 방법 외에 윈도우 스토어에 데스크탑 프로그램을 올리거나 크롬 웹 스토어에 크롬 확장 프로그램을 올리기도 하고 맥 OS의 프로그램을 맥 스토어에 올리기도 한다. 게임 같은 경우는 유니티의 유니티 스토어에 자신의 디자인 리소스, 3D 오브젝트나 맵과 같은 작품을 팔 수 있는 장터가 활성화되어 있다. 컴퓨터 전문직의 창업 천국이 따로 없다. 자신의 프로그램에 대한 사용자의 실시간 댓글들도 바로바로 볼 수 있고, 통계까지

IT 개발자의 거의 모든 것

제공되니 편리하게 돈을 벌 기회가 마련돼있는 셈이다.

아이폰의 AVPlayer 앱으로 유명한 이명재 씨는 회사에서 개발자로 재직하며 게임이나 의료영상장비 소프트웨어를 개발하다가 아이폰용 동영상 재생 앱을 개발해 크게 성공한 케이스다. 앱 장터 초창기였기에 파급력이 큰 것도 있었겠지만, 잘 만든 앱 하나로 성공할 수 있는 가능성을 보여준 대표적인 예라고 할 수 있다.

앞으로 더욱 많은 스토어들이 등장할 것이다. 얼마 전부터 5G가 상용화되어 더욱 빠른 인터넷 환경이 구축되었으니, VR 스토어의 등장도 예상해볼 수 있다. 인공지능의 발달에 따라 인공지능 스토어 역시 나올 것이다. 이 밖에도 개발자의 프로그램을 필요로 하는 장터들이 앞으로 쏟아져 나올 텐데 그때 우리는 창업을 두려워하지 말고 활발히 활동하여, 프로그래밍의 가치를 인정받아야 할 것이다.

IT 업계의
사회병리학

앞서 개발자로 살아가기 위한 기본적인 것들을 알아보았다면, 이제 IT 업계가 가진 문제점들을 짚어볼 때가 온 것 같다. 사실 업계에서 일을 하다 보면 다양한 병리 현상들을 목격하게 된다. 한 예로 필자가 금융 IT 시스템을 개발할 때 2금융 시스템의 개발을 완료하고 인수인계를 받은 하청업체 유지보수 신입 개발자가 스스로 목숨을 끊은 사건이 있었다. 이런 사건을 기사로 접하면 남의 일처럼 생각될 수 있지만, 현실을 직접 들여다보면 왜 그런 극단적 선택을 할 수밖에 없었는지 그 상황에 공감하지 않을 수 없다.

신입 직원을 죽음으로 내몬 하청문화

IT가 급속하게 발전해오는 동안 기업들은 IT 프로젝트의 개발, 인계, 유지보수의 프로젝트 라이프사이클을 기업 중심으로 발전시켜왔다. 효율성과 수익성을 최대 가치로 삼고 발전해오면서 때로는 개발자의 인간성과 인격이 무시되고는 했다. 앞에 언급한 극단적인 선택을 했던 신입 개발자(이후 K로 칭함)의 사례는 필자가 꽤 가까이서 관찰한 터라 일의 전후를 대략 알고 있다. 사정은 이러하다.

IT 금융 웹 서비스 분야는 오래되고 프로젝트가 많아 제법 규모가 있는 업체들이 많이 있다. 그러나 직원 관리 시스템이 제대로 작동하지 않아서 국내의 신입 개발자 이직률은 매우 높은 편이다. 그렇기 때문에 규모가 있는 IT 업체는 신입 개발자를 꾸준히 모집한다. K 역시 그렇게 신입으로 입사했다.

이직률이 높다 보니 프로젝트의 유지보수 인원에 결원이 많이 발생하여 회사에서는 갓 입사한 신입을 바로 투입하는 경우가 비일비재하다. K도 막 끝난 프로젝트의 현업에서 상주하는 유지보수 프로젝트로 곧바로 투입이 됐다. 현업은 국내에서 유명한 ○○ 금융그룹이었는데, 이렇게 방금 완료된 프로젝트 금융 시스템의 유지보수 파트에 신입을 즉시 투입하는 상황 자체가 어처구니없는 일이다. 투입 이후 상황을 찬찬히 살펴보면 안타까운 사실이 너무도 많다.

보통 새로운 프로젝트를 발주하고 수행할 때 관련 개발을 담당하는 개발자들은 프로젝트 종료와 함께 다른 프로젝트로 재투입된다. 개발 완료 후 유지보수를 위해 투입된 개발자는 기존의 프로젝트 진행 내용과 기술, 잔여 이슈, 환경 등에 대한 정보가 전혀 없으니 이를 위해 대략 몇 주에서 몇 달의 인수인계를 진행하는 게 보통이다. 하지만 K의 사례와 같이 인수인계를 1~2주 정도의 졸속으로 처리하고 개발에 대한 아무런 지식이 없는 갓 입사한 신입을 배정하는 행위는 도저히 이해할 수 없는 처사다. 보통 유지보수 작업은 하나의 완결된 프로젝트를 맡아서 새로운 추가 기능을 개발하거나 민감한 권한 이슈, 복잡한 데이터베이스 처리 등을 초반부터 도맡아 하기 때문에 중급 혹은 고급 개발자가 수행하거나 2명 이상의 인원이 투입되어 서로를 서포트하는 것이 원칙이다. 하지만 K는 하청받은 본사에서 근무하는 것도 아니고 파견직이어서 본사 인력의 도움을 바랄 수도 없는 처지였다. 결국 K는 갑질하는 현업 옆에서 갖은 요구 사항과 막말에 시달릴 수밖에 없었다.

우리나라의 순수한 청년들은 정말 열심히 일한다. 이렇게 비협조적인 조건에서도 어디가 어떻게 잘못되어 이렇게 힘든지 알지도 못한 채, 스크립트 한 줄도 체득한 적 없이 큰 돈이 왔다 갔다 하는 은행 시스템의 깊숙한 부분의 버그를 열심히 디버깅한다. 자신의 실수로 수억 원의 돈이 잘못 이체될 수도 있는 금융 시스템을 만진다는 것부터가 심리적으로 큰 압박이었을 것이다. 또 소위 갑질로 대변되는 현업의 막말과 스트레스는 아무리 심지 굳은 사람이라도 견뎌내기가 쉽지 않다. 둘도 아닌 혼자서 이 업무와 스트레스를 감당하는 것 또한 말이 안 되는데 심지어 K는 사회초년생이다. 군대에서도 경험해보지 못한 막말이나 눈칫밥을 처음 경험해본 사람이라면 치를 떨 것이다. 근무 환경도 그다지 좋지 않았다. 작은 책상에 노트북 하나를 제공해주고 일거리를 던지면 도깨비방망이 마냥 뚝딱 결과가 나오길 기대하는 투였다. 보통 하청업체 직원의 근무환경을 살펴보면 부족한 자리를 이유로 좁고 작은 책상과 노트북 한 개를 내어주는 경우가 많다. 게다가 신입 개발자의 경우 제공받은 노트북 성능이 떨어지는 일도 종종 발생한다. 이런 환경에서 자신의 부족한 실력을 탓하며 밤 12시까지 근무를 하고 택시를 타고 퇴근하는 생활을 몇 달간 지속한다고 생각해보라. 개발자의 낮은 기술력을 핑계 삼아 온갖 열정 페이를 강요하는 현장이 이런 곳이다.

K의 경우는 온갖 불합리함의 총체이다. 이런 환경에서도 정말 운 좋게 큰 문제가 발생하지 않고, 유지보수하기에 가시성도 높은 프로젝트가 잘 만들어져서 열정페이가 유지되는 경우가 있긴 하다. 하지만 그런 경우는 어디까지나 운이 좋은 케이스이지 절대 있어서는 안 되는 상황이다. K의 사례는 너무도 슬픈 이야기이다. 이런 일은 딱히 어디에서부터 잘못됐다고 짚어내기도 쉽지 않다. 그 뿌리가 너무 깊기 때문이다.

현업은 현업 나름대로 돈을 지불하고 유지보수를 맡겼으니 만족할 만한 개발자와 서비스를 제공받기를 원한다. 하지만 신입 개발자가 들어와서 자신들의 요구 사항을 제대로 만족시켜 주지 못하니 좋게 말할 수가 없었을 것이다. K는 당연히 본사로 여러 번 고충을 전달했을 것이다. 그의 하소연을 들은 하청업체 본사는 더욱 많은 재화를 투입하고 싶었을 것이다. 하지만 우리나라의 IT 시장은 앞서 살펴보았듯이 마치 상품을 대하듯 개발자의 노임단가를 정해 두고 있다. 회사 입장에서는 K 이상의 개발자를 투입하면 무조건 손해가 나는 상황이니 추가 투입을 할 수도 없는 상황이었다. K의 자살이라는 하나의 사건을 자세히 들여다보면 IT 프로젝트의 발주-개발-인수인계-유지보수의 프로세스 각각에 넓게 펼쳐진 각종 문제점들을 발견할 수 있다. 이런 문제점들이 얽히고설켜 젊은 개발자를 자살로 몰고 간 것이다.

산업발전을 저해하는 가장 큰 악습

간단하게 생각해 보면 K의 죽음을 막을 수 있었던 방법은 대단히 많다. 본사의 적절한 기술지원, 서포트 개발자 한 명 추가 투입, 현업의 인간적인 대우와 합리적인 업무 일정 처리 등등. 하다못해 보수를 좀 더 많이 주는 방법이나 윗사람들의 다독임 약간으로도 젊은 개발자를 살릴 수 있었을 것이다. 업계가 이렇게 무리하게 초급 개발자를 밀어붙이는 이유는 오로지 비용 때문이다. 비용 문제는 때때로 인간성을 완전히 무시해버린다. IT 업계가 이렇게 된 가장 큰 이유 중 하나는 바로 하청구조 때문이다.

앞서 살펴보았던 수행사 관계도를 다시 한번 꺼내 보자. 이와 같은 관계도는 매우 흔한 프로젝트 수행사 구조라고 말한 바 있다.

IT 개발자의 거의 모든 것

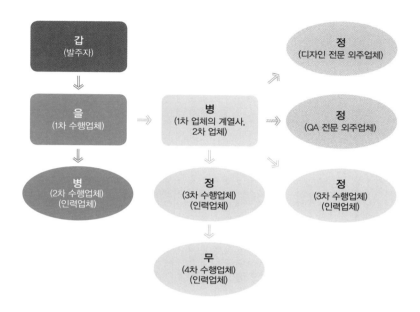

〈프로젝트 수행사 관계도〉

그런데 이런 하청 구조 자체가 문제는 아니다. IT 프로젝트를 수행하는 데 있어서 필요한 기술과 자원을 하나의 커다란 업체가 모두 담당하기는 힘들기 때문이다. 기업마다 보유한 전문가의 분야가 다를 것이고 그렇기에 각자의 역량대로 프로젝트를 완료하는 것은 자연스러운 상황이라고 할 수 있다. 이런 면에서 놓고 볼 때, 하청구조 자체는 시장에 필요하다. 다만 그 속사정을 살펴보면 자원의 규모와 배분에 문제가 있음을 알 수 있다. 앞서 말했듯이 국내 IT 시장은 임금은 그대로인 상태에서 발주 기간을 점차 줄이는 바람에 과거에 비해 발주금액이 매우 낮아졌다. 수없이 많은 다단계 하청구조로 내려오며 중간 마진을 떼여 수익이 추락한 끝에 신입 한 명이 IT 유지보수를 담당하는 벅찬 상태까지 온 것이다.

SW 노임단가제의 폐지

IT 프로젝트의 규모는 M/M으로 계산되는 인건비가 사업비의 대부분이다. 인건비는 프로젝트 수행원에게 주어야 하는 금액인데 그렇다면 기업은 프로젝트 수익을 어떻게 남기는 것일까? 인건비의 삭감이 가장 쉬운 방법이다. 그렇다면 인건비를 높여서 프로젝트 규모도 키우고 수익도 남기면 되지 않냐고 생각할 수 있다. 하지만 앞서 살펴보았듯 우리나라에서는 소프트웨어 노임단가를 국가에서 발표하고 그것을 발주금액 표준으로 잡고 있다.

기업의 기술력은 뛰어난 개발 인력으로부터 나온다. 그 기술력에 마땅한 금액을 받아야 기업이 발전할 텐데 소프트웨어 노임단가로 인해 기술력과 상관없이 항상 같은 금액으로 프로젝트 규모가 산정된다. 이렇게 프로젝트 단가가 고정되면 개발자들의 몸값 또한 자연스럽게 고정된다. 결국 개발자 개개인이 가진 모든 기술력은 단지 1M/M으로 정형화되고 뛰어난 개발자들은 그 테두리에 갇혀 성공 기회를 박탈당하고 마는 것이다.

이 문제는 개개인의 개발자보다 큰 기업 단위에 더 나쁜 영향을 끼친다. 한 기업에서 뛰어난 제품을 만들 경우, 기술력이 좋은 개발자를 영입하고 오랜시간 시행착오를 겪으며 제품을 만들게 된다. 이 솔루션을 납품하여 수익을 도모하려 할 때 이를 구매하는 기업은 이 솔루션의 구축 비용을 정형화된 M/M으로 환산해본다. 솔루션의 도입비용이 개발비와 비슷하거나 조금 저렴하게 계산되면 무조건 새로 만들어 버리는 상황이 발생한다. 만들면 더 싸고 아주 내 것이 되어 버리는데 누가 비싼 돈 주고 월마다 사용비를 지불하며 솔루션을 도입하려 하겠는가? 이런 문제는 몇몇 대규모 솔루션을 제외한 대부분의 소규모 솔루션 업체들의 투자를 꺼리게 만들고 수익성을 악화시킨다.

SW 기술등급과 그에 따른 노임단가를 같은 선상에 두고 생각하는 사람들이 있다. SW 기술등급은 당연히 있어야 한다. 다만, 개발자들의 기술을 평가하는 더 세분화된, 철저한 제도가 필요하다. 각 기술등급과 그 기술력을 어떻게 구매하는지는 시장에 맡길 필요가 있다. 기술력을 평가할 수 없는 방탄소년단 7명의 1년 치 몸값을 고급 1M/M으로 계산해 7,000만 원이라고 한다면 누가 납득할 수 있을 것인가?

최저입찰제 폐지

노임단가로 인해 정형화된 M/M 계산법은 IT 프로젝트의 규모를 산정할 때 편리할 수는 있지만 무한정으로 기간을 줄이려는 욕구를 지속적으로 발생시킨다. '시간 = 돈'이라는 공식을 성립시키기 때문이다. 이렇게 비용을 줄이려는 시도는 최저입찰제로 나타나고, 가장 낮은 가격을 써낸 업체가 프로젝트 수행 업체로 선정될 가능성이 높아진다. 하지만 저렴한 비용은 결국 짧은 기간에 더 적은 인원으로 프로젝트를 수행한다는 의미가 되는데, IT 인력의 기술은, 앞서도 말했듯이, 수치화하기 어렵기 때문에 프로젝트 개발 기간의 산정과 M/M의 산정이 두루뭉술하게 진행되기 마련이다. 앞서 예로 들었던 양동이의 물이 어느 정도인지 계산해야 하는 상황이 오면 업체들은 대충 10M/M으로도 프로젝트를 수행할 수 있을 거라는 근거 없는 견적을 내민다. 당연히 발주사도, 수행사도 알 수 없는 프로젝트 견적이 만들어진다. 이런 문제는 사실 발주자와 수행사의 무지에서 비롯된다.

프로젝트의 기술난이도와 규모, 그리고 요구사항에 대한 위험요율을 분석해 단가에 반영하는 절차가 있어야 한다. 이런 전문적인 부분은 종합 컨설팅에 가까운 능력을 요구하지만 이 과정은 반드시 필요하다. 그래야 산정된 규모가 말도 안 되는 수준이라는 걸 깨닫고 프로젝트의 저가 수주로 인한 실패를 미연에 방지할 수 있을 것이다. 우리나라는 이런 위험을 방지하기 위한 전문 컨설팅 업체가 거의 전무한 실정이다. 굳이 컨설팅 비용을 들이지 않아도 아주 싼 값에 개발자를 이용해 프로젝트를 마무리지을 수 있기 때문이다. 아직 IT 프로젝트 수행환경이 성숙하지 못한 문화 탓이라고 생각할 수밖에 없다. 만약 이런 과정이 정착되면 전문 IT 컨설턴트들이 새로이 생겨날 것이고, 오랜 시간 현장에서 경험을 쌓은 개발자들은 은퇴 후 치킨집을 차릴 필요 없이 종합 컨설턴트로 제2의 인생을 살아갈 수 있을 것이다.

IT 개발자의 거의 모든 것

재하청 금지

업계에서 산업발전을 저해하는 가장 큰 문제점으로 지목하는 것이 바로 재하청 관행이다. 프로젝트 수행사 관계도에서 하청 구조 자체는 문제 될 것이 없다고 이야기한 바 있다. 하지만 여기서 문제점으로 지적하는 것은 하청받은 프로젝트를 그대로 재하청을 주고 수수료만 챙기는 관행을 말한다.

단순히 개발자들을 보유만 하고, 기술에 대한 연구개발 없이 병 업체에 인력을 제공하고, 인력비를 나눠 먹기만 하는 정, 무 같은 업체는 산업발전에 '득'이 되기보다는 '실'이 더 크다. 그 피해는 똑같이 일하고도 병, 정, 무로 내려오면서 중간 마진을 떼인 하청 업체 개발자가 보게 된다.

〈단순 인력수급을 위한 재하청〉

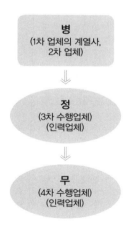

재하청 구조의 악습을 조금 더 자세히 살펴보자. 이런 재하청 구조에서 가장 문제시되는 경우는 두 종류가 있다. 첫 번째는 정부의 대규모 프로젝트나 금융 프로젝트를 맡는 업체가 문제를 일으키는 경우다. 실제 수익성이 높은 프로젝트를 맡은 1차 수행 업체가 큰 자본력을 바탕으로 별 무리 없이 수주를 하고, 프로젝트에 큰 기여를 하지 않고도 전체 프로젝트 금액의 50%까지 가져가는 것이 현재 관행이다. 정부나 금융 기관 입장에서 프로젝트가 잘못되었을 경우 책임을 질만 한 큰 기업과 계약을 하는 것은 일견 당연해 보인다. 하지만 만약 프로젝트를 맡은 기업이 턴키로 재하청을 줄 경우에는 책임 소지 또한 재하청 업체에 넘기기 때문에 재하청 업체가 수익을 그에 상응해 가져가는 것이 마땅하다. 하지만 1차 수행업체가 M/M으로 정형화된 매우 낮은 수행 비용만을 재하청 수행비로 내려주는 중간마진 장사를 하고 있는 것이 실상이다. 문제의 근본 원인은 어쩌면 현행법에 있는지도 모른다. 소프트웨어 하도급법 제20조 3제 1항은 다음과 같이 하도급 금액을 정의하고 있다.

전체 사업금액을 기준으로
100분의 50을 초과하여 하도급을 할 수 없다.

이 조항에 의하면 사업금액의 반 이상을 하청업체에 주면 불법이 된다. 프로젝트에 기여하는 업체의 노동력과 기술력에 따른 올바른 보상이 문제의 본질인데 재하청 악습만을 바라보는 법의 편협한 시각이 안타깝다. 프로젝트의 책임 소지를 가르는 턴키의 여부에 따라 오히려 사업금액의 대부분은 턴키로 재하청을 수주한 다음 업체에 배당되어야 할 것이다.

두 번째 종류의 문제는 순수 인력배급만을 맡고 있는 인력소개소와 같은 IT 업체들에서 발생한다. 이 업체들은 얼마 되지 않는 수수료 수익을 위해 열심히 영업을 하며, IT 시장에 인력을 배급해 준다는 측면에서 나쁠 것은 없어 보인다. 이런 업체들이 없다면 프로젝트의 PM은 인력 배급을 위해 개발자를 힘들게 수소문해야 할 것이다. 하지만 이 방식에도 문제는 있다. 작고 영세한 인력배급 업체들은 개발자를 프로젝트에 소개해준 대가로 개발자의 월급에서 일정 금액을 수수료로 징수한다. 하지만 개중에는 개발자에게 실제 계약금액을 알리지 않고 비밀리에 계약을 한 후, 노동을 수행하는 개발자에게 매월 정해진 금액만을 월급처럼 지급하는 경우가 있다. 실제 프로젝트 개발자의 수요가 늘어나 단가가 높아져도 중간 마진을 업체들이 모두 가로채는 것이다. 또 이런 작은 업체들은 서로 프로젝트 정보를 공유하여 A 업체에서 인력을 공급 중인 프로젝트에 B 업체의 인력을 요구할 경우 A, B의 수수료를 이중으로 징수하기도 한다. 개발자는 B와의 계약건만을 알기 때문에 이 역시 최초 프로젝트 투입금액은 알 수 없다. 이런 식으로 프로젝트에서 고생하며 개발을 하는 노동자들은 정작 자기도 모르게 수많은 상위 포식자들에게 수익을 뜯어 먹히게 된다.

이런 하청 구조가 제대로 고쳐지려면 어떻게 해야 할까. 첫째,

프로젝트를 실질적으로 책임지고 수행하는 기업이 수익을 보도록 하도급법이 변경되어야 한다. 이 법이 바뀌지 않는 한 대기업들은 우월적 지위를 이용해 대형 프로젝트를 수월하게 수주하고, 큰 기여도 없이 재하도급을 하여 그 과실을 독점할 것이다. 둘째, 인력배급 업체들의 경우는 각 소프트웨어 개발자 인력배급에 대한 수수료로 프로젝트 개발자 M/M의 일정 비율만을 가져갈 수 있도록 법을 수정해야 한다. 중간에 몇 개의 업체가 끼어 있든 이 비율이 정해지면 모두 수긍할 수 있다. 물론 이런 법이 제정된다 해도 또 다른 문제점들이 생겨날 수 있겠지만 현재보다는 나을 것이라고 생각한다.

프로젝트의 꽃, PM 양성 교육의 부재

이제까지 IT 프로젝트의 발주단계에서 발생하는 자원에 대한 문제점을 살펴보았다면, 프로젝트 개발이 시작되고 나서의 문제점을 살펴보자. 프로젝트가 시작되고 나면 분석 기간 두 달여를 PM과 PL 둘이서 수행하게 된다. 이때 살펴야 하는 것들은 앞서 알아본 바 있다. PM은 정말 슈퍼맨과 같은 능력을 가져야 하는데 수많은 기업들이 막상 프로젝트의 꽃인 PM의 교육을 실행하지 않는다. PM은 하나의 프로젝트를 처음부터 끝까지 책임지는 자리이기 때문에 문제가 생겨도, 문제가 없어도 모두 PM의 책임이다. 예를 들어 프로젝트에서 특정 개발자가 무단결근을 하며 근태가 매우 좋지 않다고 해보자. 이것은 PM의 책임인가, 그 개발자의 책임인가? 당연히 PM의 책임이다. 그런 개발자를 뽑은 것도, 그를 방조하는 것도 모두 PM의 관리하에 있기 때문이다. 그래서 기업에서는 프로젝트에서 발생할 수 있는 다양한 위험인자에 대해 충분히 교육을 수행해야 한다.

기술교육

PM이 뛰어난 기술력을 갖춘다면 최상이겠지만, 대부분의 PM은 IT 프로젝트에서 요구하는 다양한 기술을 모두 충족하지는 못한다. 사전에 이런 기술력을 모두 습득하는 것 역시 불가능하다. 다만, 프로젝트에서 발생하는 기술 이슈들에 대한 카테고리를 정립하고, 각 기술에 대한 개발자들의 필요 노동력을 가늠할 능력이 있다면 프로젝트를 차질없이 진행하기에 충분하다. 또 사전에 기술 난이도가 높은 부분들에 대해 미리 숙지를 해두면 일정을 산정할 때 크게 도움이 된다.

경영학

난데없이 경영학 이야기가 나온다고 생각할 수도 있겠지만, 프로젝트를 하나의 경영대상으로 생각하라는 말을 하고자 한다. 정확한 일정을 수립하고 필요한 자원을 투입해 가치 있는 재화를 생산해내야 하기 때문이다. 그래서 PM이 정통 경영학을 공부하는 것은 매우 가치 있는 내공을 쌓는 길이 된다. 경영학을 깊이 공부하면 다른 PM들이 부족한 자원에 대해 불평할 때 해결책을 찾거나 납득할 수 있는 단서를 찾아낼 수 있을 것이다. 또 그러한 자원을 할당한 회사의 경영자들을 설득할 때에도 도움이 되며, 위험 상황이 닥쳤을 경우 이 프로젝트의 성패도 빠르게 인지할 수 있다.

위험관리

PM의 가장 큰 역할은 위험관리라고 했다. 각종 리스크에 대해서는 앞서 자세히 살펴본 바 있다. 그런 위험요소를 최대한 많이 알고, 각 대처 사항을 숙지하고 있다면 PM은 프로젝트를 수행할 때 안정적인 대처가 가능할 것이다. 프로젝트 도중 인원의 기술력에 문제가 있다고 판단되는 경우로 예를 들어 보자. 위험관리에 능한 PM은 1주일간 기술 테스트, 2주 차 실전 개발 퍼포먼스 테스트를 진행한 다음 개발자가 프로젝트를 진행하기에 부족하다는 판단이 들면 해당 개발자를 퇴출하는 미리 정립해둔 프로세스를 진행한다. PM이 미리 리스크를 대비해둔다면, 문제가 발생했을 때 이처럼 매뉴얼화된 대응을 할 수 있을 것이다.

인성교육

PM의 인성은 프로젝트 성패에 큰 영향을 미친다. 성격이 차갑고 타인의 공로를 치하하는 데 인색한 PM들은 때때로 프로젝트의 공적이 되고는 한다. 심지어 현업과 싸우고 자리를 박차고 나가버리는 경우도 있다. 개발자들은 그런 PM을 함께 프로젝트를 성공시켜야 할 동료로 보지 않고 최대한 눈에 띄지 않고 납작 엎드려 피해야 할 적으로 여기게 된다. 이런 분위기는 프로젝트의 전체적인 생산성 저하, 질 낮은 프로그램, 개개인의 스트레스를 불러온다. 보이지 않는 연기처럼 서서히 프로젝트를 병들게 하는 최악의 요소다. 그렇다고 PM에게 요구되는 이상적인 인성이 마냥 사람 좋은 것을 뜻하는 건 아니다. 단호해야 하는 부분에는 똑 부러지지만, 프로젝트를 수행함에 있어서 구성원을 인간적으로 대해야 한다는 말이다.

유지보수 프로세스 정립

일정 규모 이상인 IT 업체들은 ASP[18]사업으로 대변되는 유지보수 프로세스를 잘 정립하고 있다. 하지만 종종 그런 대규모 업체들도 스스로가 정립한 프로세스대로 진행하지 않고 졸속으로 처리하곤 한다. 대체로 비용 문제 때문이다. 노임단가로 인해 개발자의 임금이 고정되기 때문에 유지보수를 수행하는 비용도 그 이상이 될 수가 없다. 유지보수 하나를 수행하면 한 명의 임금도 나오지 않는 저비용이 고착화된 것이다. 기업 입장에서는 한 명의 개발자가 2개, 3개의 일을 동시에 처리해야 수익이 난다. 이렇게 일을 수행해도 프로젝트에는 큰 문제가 없지만, 개발자의 퇴직 상황이 끼면 문제가 커진다.

....

18 ASP(Application Service Provider) : 응용 소프트웨어 서비스 공급자. SI, ASP 사업으로 분류되는 IT 업계에서 SI로 만들어진 소프트웨어를 유지보수하는 사업을 뜻한다.

보통 담당자가 퇴직을 할 경우 급히 개발자를 구인하거나 남은 인원으로 인수인계를 받는다. 아무래도 새로 온 개발자는 오랜 시간 담당하던 개발자보다 숙련도가 부족하기 마련이다. 이런 경우 새로 온 개발자는 긴 숙련의 시간을 거치는데, 그 시간 동안 2~3곳의 유지보수 업무를 동시에 처리하게 되면 큰 스트레스를 받는다. 심지어 유지보수 인원들은 신규 기술의 접근성도 떨어지고 보수도 더 낮게 책정되기 때문에 근무 만족도가 매우 낮아 잦은 이직이 일어난다. 그렇게 시간이 지나다 보면 유지보수 팀원들은 경력이 적거나 기술력이 낮은 개발자로 교체되는 경우가 많아지고, 자연히 유지보수팀의 입김이 줄어들면서 유지보수의 중요도를 경시하는 문화가 자리 잡게 된다.

유지보수 기술팀장 양성

앞서 말한 문제점은 쉽게 해결하기 어려운 부분이다. 유지보수를 경시하여 낮은 기술력의 팀원으로 구성원이 교체되는 문제는 여러 곳에서 빈번하게 발생한다. 하지만 적어도 유지보수팀의 팀장은 높은 기술력을 소유하고 있어야 한다. 그에 따른 비용이 늘어날 수 있지만, 그럼에도 경험이 많고 PM 수행 경력도 있는 팀장이 필요하다. 앞서 유지보수를 수행하는 개발자의 어려움에 대해 얘기한 바 있다. 유지보수를 넘겨받는 개발자는 해당 프로젝트가 완결되기까지 사용된 수많은 기술적인 이슈를 분석하고 수정할 수 있어야 한다. 또 각기 다른 개발 환경들과 프레임워크로 제작된 프로젝트를 2개나 3개씩 동시에 수정해야 하기 때문에 개발 환경과 운영 환경에 대한 이해에도 뛰어나야 한다. 혼자서 프로젝트 한 개를 온전히 유지보수해야 하기 때문에 SI처럼 분업을 할 수도 없다. 오로지 본인이 모든 기술 이슈를 책임져야 하므로 가장 높은 기술력을 가진 개발자가 수행하는 것이 맞다. 그러나 현실적으로 그런 개발자를 유지보수에 할당하는 회사는 없다. 각 회사는 적어도 유지보수 팀장을 그런 이슈들을 모두 해결할 수 있는 뛰어난 개발자로 임명해야 한다.

유지보수 성과정책

유지보수 팀원들은 동시에 여러 업무를 진행하다 보니 다양한 요구사항을 동시다발적으로 처리하게 된다. 그러나 아무리 많은 요구사항을 수행해도 티가 나지 않는다. 유지보수 업무 자체가 문제가 생기지 않게 유지하는 데 맞춰져 있기 때문에 실적을 판단하기가 쉽지 않다. 그러나 개발 직원들의 업무 성과를 회사 차원에서 독려하지 않으면 당연히 이직률이 올라갈 수밖에 없다. 평상시 별 문제가 없다 해도 낮은 신기술 접근성, 뛰어난 개발자와의 협업 기회 결여 등 상대적인 박탈감을 느끼기 쉬운 보직이기도 하다. 따라서 적절한 성과정책으로 유지보수 인원의 이직을 막아야 할 것이다.

개발자 양성의 국비 지원 문제점

김대중 정부에서부터 내려오는 정부 지원 정책 중 IT 개발자 양성과 정 정책이 있다. 학원에서 소프트웨어 개발 과정을 무료로 수료할 수 있는 정책이다. 학원비는 국비 지원으로 전액 무료다. 과거 실업률을 낮추기 위해 시행했던 정책이 지금까지 유지되고 있는 것인데 이 무료 국비 지원으로 인해 관련학과를 나오지 않고도 IT 시장에 진출하는 인력이 우후죽순 양성되고 있다.

이로 인해 자세한 등급으로 평가받고, 전문 인력으로 대우받아야 할 IT 관련 학과 출신 개발자들이 지나치게 낮은 기술력을 가진 개발자들과 섞여서 IT 인력의 하향 평준화를 가져오고 있다. 학원 자체가 사라져야 할 것이 아니라 개발인력으로 진지하게 공부하고 시장에서 활동하고 싶은 사람만이 IT 시장에 자리 잡는 풍토가 정착되어야 한다.

이렇게 국비로 지원을 해주고 취업에 도움을 주는 정책은 꽤 많이 있다. 개개인의 취업을 장려하기 위한 국가 차원의 복지라고 볼 수도 있다. IT 개발자 학원 지원 자체는 어떻게든 개발자가 되고 싶지만 높은 진입장벽 때문에 시작할 엄두도 못 내는 사람들을 위한 좋은 창구가 되기 위한 것이다. 여기서 문제가 되는 부분은 IT에 대한 목표 의식이나 꿈 없이 단순히 일용직 노동자와 같은 마인드를 가진 개발자를 양성하는 비전문적인 학원들이다. 이 학원들은 국비 지원으로 수업을 듣던 인원이 중도 하차하면 지원금이 깎이기 때문에 최대한 수강생의 심기를 건드리지 않고 수료시키는 것만을 목적으로 삼는다. 급변하는 IT 시장의 특성상 학원의 교수들도 그때 그때의 전문성을 유지하기가 쉽지 않다. 더구나 어려운 난이도의 기술교육을 수강생의 눈치를 봐가며 진행하게 되니 인재 양성이 제대로 이루어질 리 없다. 이러한 학원에서 수강생들은 수업 시간에 집중하지 않고 때로는 졸기도 하다가 어찌어찌 수료를 하면 중소기업에 이력서를 넣게 된다.

이런 학원 인력과 대학 4년제, 석사, 박사를 수료한 응용소프트웨어 개발자의 임금에 차별점이 없다는 것도 문제다. 개발자의 몸값이 단순히 초·중·고 등급으로 표기되고 일괄 단가로 지급되는 국내 특성상, 학원 수료 인력과 학사 이상의 수료자는 기본적으로 같은 등급이면 몸값이 같다. 이런 이유로 국내 응용 소프트웨어 석사, 박사는 찾아보기 힘들다. 날이 갈수록 시장에서 중요한 직종으로 평가받는 소프트웨어 기술자 중에 박사가 없다는 것은 우려스러운 일이 아닐 수 없다. 의사나 변호사를 양성하는 국비 지원 학원을 본 적이 있는가? 소프트웨어 개발자 역시 의사, 변호사 못지않게 수많은 공부를 해야 하는 전문성을 가진 직종이다. 학원의 존재 여부가 문제라는 말이 아니다. 사회적으로 고도화된 소프트웨어 시장으로 발전하려면 그에 맞는 고도화된 인력과 창의력 넘치는 열정적인 개발자를 길러내기 위한 고도의 교육 시스템이 필요하다는 말이다.

포괄임금제 폐지

포괄임금제 역시 시장에서 퇴출되어야 할 악법 중 하나다. 일반적으로 포괄임금제란 근로계약 체결 시 근로 형태나 업무 성질상 법정기준근로시간을 초과한 연장·야간·휴일 근로 등이 예정된 경우나, 계산의 편의를 위해 노사 당사자 간 약정으로 연장·야간·휴일 근로 등을 미리 정한 후 매월 일정액의 제수당을 기본임금에 포함해 지급하는 것을 말한다. 하지만 IT 업계는 근무시간을 특정하는 것이 그다지 어렵지 않음에도 이 포괄임금제를 도입한 회사가 많이 있다.

IT 업계는 노임단가에 맞춰 저렴한 인건비와 함께 이 포괄임금제를 이용해 개발자들의 잉여 노동력을 대단히 효율적으로 이용해왔는데 이제 이런 꼼수와 같은 관행은 없어져야 한다. 개발자를 저렴하게 이용하면 한 사람분의 인건비로 두 사람을 저렴하게 고용할 수 있으니 좋다고 생각하는 기업이 있을 것이다. 법적으로 이런 관행이 고쳐지지 않으면 수많은 업체가 이런 시스템을 정착시키게 될 것이고, 결국 전체적인 개발 인건비는 반으로 줄어들게 될 것이다. 이런 인건비의 간접적인 하락은 전체적인 치킨게임의 양상을 부르게 되는데, 모든 업계에서 개발자를 포괄임금제의 미명하에 제한 없는 야근을 시킨 결과 현재 대부분 프로젝트의 전체적인 수행 일정 자체가 대단히 짧게 조정이 되었다. 그러나 프로젝트 비용은 인건비가 대부분이기 때문에 이런 불합리한 관행은 전체 발주 금액의 지속적인 하락으로 이어지고 있다. 전형적인 제살깎기의 악폐라고 할 수 있다. 과거에 비해 축소된 프로젝트 규모로 이제 회사는 발전은커녕 현상 유지도 힘든 지경까지 왔는데, 기술력 없이 인건비 수수료로 연명하는 인력회사들과 기술기업 간의 가격 경쟁까지 치열하다. 이래저래 현재 IT 시장은 건강하지 못한 상태라고 할 수 있다.

PART
2
…
심화편

5

IT 시장의 현황 및 자본 흐름

자신이 취업한 업계에 자본이 많이 유입되면 자신의 급여도 오를 가능성이 높다. 국내에서 IT 예산을 많이 집행하는 대표적인 산업군은 정부, 금융, 전자상거래 분야다. 다음은 정부의 IT 예산 통계를 살펴볼 수 있는 한국 소프트웨어산업협회(www.sw.or.kr)의 확정 수요 예보이다.

2018년의 SW 총예산은 42조 원에 달한다. 2017년보다 2조 원 가량이 늘었고 특히 SW 구축 비용이 크게 늘었다. 다음 표에서 정부의 HW 구매는 정부 내부 IT 부분 컴퓨터, 소모품 집기 등을 구입하는 데 든 금액과 자체로 보유하는 고성능 서버 컴퓨터 제품을 비용으로 환산한 걸 의미한다. SW 구매는 직원들이 사용하는 여러 가지 응용 프로그램의 라이선스 구매 비용이다. 그럼 가장 큰 수치를 보이고 있는 SW 구축 비용은 무엇일까?

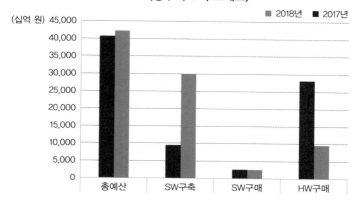

〈정부의 IT 수요예보〉

〈2018년 SW 구축 수요 상세 예시〉

기관명	기관유형	사업명	사업개요
국민건강보험공단 일산병원	공공기관	종합의료정보시스템 (OCS,DW) 통합 유지 보수	HIS/EMR시스템의 긴급장애지원 및 유지관리를 통한 안정적인 HIS/EMR시스템 운영
국민체육진흥공단	공공기관	경륜경정사업본부 홈페이지 고도화	경륜경정사업본부 홈페이지 고도화
그랜드 코리아레저㈜	공공기관	국산 SMS 시스템 구축	• 중소기업 구매조건부 사업으로 2년간 진행 2015년 11월 성공 판정 통보 • 슬롯머신 중대 국산화 SMS 운영 중 • 2018년도 전자테이블 증설 계획 • 2006년부터 설치 운영 중인 구형 SMIB(슬롯머신인터페이스보드) 노후화로 신형으로 교체 필요
서울특별시 용산구 시설관리공단	공공기관	전자결재 프로그램 유지보수	전자결재 프로그램 유지보수
한국우편사업 진흥원	공공기관	전자우편(맞춤형 편지) 통합제작관리 시스템 구축	전자우편(맞춤형 편지) 통합제작관리 응용시스템 개발
재단법인 부산복지개발원	공공기관	홈페이지 및 DB 유지관리	홈페이지 및 DB 유지보수

위의 표는 2018년 SW 구축 수요예보 상세의 일부만 추린 내용이다. 1년 동안 총 2천 건이 넘는 SW 구축 사업내용 중 극히 일부만 표시했다. 해당 사업내용들을 유심히 살펴본다면 시스템 운영 및 유지보수와 소프트웨어 개발이 대부분인 것을 볼 수 있다. 이는 곧 공공기관의 홈페이지, 백엔드 시스템, 데이터베이스 등의 SI, ASP Application Service Provider 비용이라고 볼 수 있다. 그럼 공공기관이 아닌 금융권의 IT 예산은 어느 정도의 규모일까? 다음은 한국은행의 금융정보화 현황에서 금융 부분을 발췌한 차트이다.

금융권에는 은행뿐 아니라 금융투자업과 보험, 카드사가 모두 포함된다. 차트에 나타난 은행 외에도 금융투자업의 IT 예산은 9,382억 원, 보험은 1조 9,686억 원, 카드사는 6,682억 원으로 금융업 전체를 합하면 대략 6조 원의 규모가 된다. IT 예산은 집행 규모

〈금융정보화 사업 – 은행 IT 예산〉

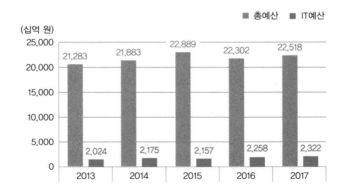

IT 개발자의 거의 모든 것

가 매년 변동될 수 있지만 공공, 금융 부분에서 48조 원이 넘는 금액이 꾸준히 IT 업계에 유입되고 있는 실정이다.

자본 유입을 정확히 추정하긴 어렵지만, 점점 더 커지는 전자상거래 산업의 IT 부분 투자 전망도 밝은 편이다. HTTP 서버 분야와 함께 IT의 양대 산맥을 이루고 있는 게임 부분을 살펴보면 1년에 약 13조 원 정도를 예측할 수 있다. 이는 공공, 금융, 전자상거래 분야보다는 작지만 그래도 매우 큰 규모이다.

IT 업계의 자본 흐름

IT 업계에서 집행되는 자본의 규모는 앞서 살펴본 금융, 공공, 전자상거래, 게임 분야 외에 제조업, 유통업 등의 전통 산업에서 집행하는 규모도 상당히 크다. 하지만 국내의 IT 트렌드를 이끌어가는 주요 무대는 역시 금융과 공공기관 사업 부문이다. 어떤 경제 상황에서도 꾸준히 집행되는 연 48조 원은 정말 대단한 규모다. 업계의 든든한 자금줄인 이 두 맏형 덕분에 우리나라의 IT 업계가 먹고 산다고 해도 과언이 아닐 것이다.

이처럼 IT 업계의 자본 규모를 분석해본 건 단순히 돈의 규모를 알려주기 위함이 아니다. 국내에서 개발자로 일하려는 초년생들이 향후 좀 더 좋은 급여와 근무 환경에서 일할 수 있도록 IT 분야에 대해 알려주려고 한 것이다. 여러분이 IT 개발자로 취직할 때는 가장 안정된 자본을 가진 부문에 미래에 하고 싶은 일과 가장 유사한 기술력을 배울 수 있는 산업군을 선택하면 된다는 말이다.

다양하지 못한 IT 생태계

우리나라 IT 기술의 대부분은 자바웹 분야의 기술과 C와 C++, C# 등의 기술을 이용하는 게임 분야로 편향되어 있다. 내수가 매우 작다 보니 그 중에서도 공공과 금융이 주도하는 자바웹 분야가 대부분의 기술 점유율을 가지고 있다. 공공과 금융 부분은 보안과 안정성을 매우 중시하 특성상, 새로운 기술을 쉽게 받아들이지 못하고 시장에서 가장 널리 사용되고 이미 검증된 기술만을 고집하는 경우가 많다. 관련 업계에서는 외국에 비해 편향되고 보수적으로 접근하는 국내 현실을 비판하기도 한다. 이로 인해 개발자들은 새로운 기술을 배울 필요를 느끼지 못한다. 새로운 기술에 대한 경험이 있는 개발자가 나오지 않기 때문에 신기술 도입에 대한 진입장벽이 또다시 높아지는 악순환이 반복된다.

이런 일은 아이폰의 SWIFT 언어에 대한 국내 현실을 보면 알 수 있다. 현재 외국의 커뮤니티에서는 SWIFT 언어로 개발 시 생기는 문제점에 대한 버그 문의나 제보가 전체 제보의 40~50%에 달할 정도로 활발한 데 비해 국내에서는 SWIFT로 진행하는 신규 프로젝트가 손에 꼽을 정도로 적다. 국내 개발 업계가 새로운 언어와 기술에 얼마나 보수적인지 엿볼 수 있는 대목이다. 하지만 개발의 태생이 영문권이어서 국내 개발자가 새로운 기술을 접할 때 언어적인 진입장벽이 존재함을 무시할 수는 없다. 개발자들이 국내에 소개된 번역본으로 기술을 습득하고 적용하기까지 아무리 빨라도 3년 이상의 시간이 소요된다는 점을 간과해서는 안 된다.

다시 원론으로 돌아와서 국내의 IT 업계별로 사용되는 언어와 플랫폼을 한눈에 정리해보면 개발자로서 진로를 고민할 때 많은 도움이 될 듯하다. 다음의 표에서 빗금으로 표시된 부분이 현재 사용되는 해당 언어이다. IT 업계의 모든 분야를 표기한 것은 아니지만, 진로를 고민할 때 참고용으로 알아두면 좋을 것이다. 표에서 제조업

〈각 업계 분야별로 사용되는 언어〉

관련업계	분야	코볼, C	JAVA	C	C++ (MFC)	C#	HTML, CSS	JAVA SCRIPT	OBJECTIVE-C, SWIFT	DB QUERY
금융, 공공기관, 전자상거래, 통신사	코어뱅킹기간계	▨								
	백엔드 시스템		▨							
	클라이언트				▨		▨	▨		
	데이터베이스									▨
제조업, 하드웨어, 장비	클라이언트				▨	▨	▨	▨		
	임베디드영역		▨		▨					
의료, 서비스업	클라이언트					▨	▨	▨		
	백엔드 시스템		▨							▨
	의료장비			▨	▨					
IT SW 개발, SW 밴더	클라이언트		▨			▨	▨	▨		
	모듈			▨	▨					
게임	클라이언트				▨	▨				
	서버				▨					▨

은 삼성이나 LG의 전자사업부나 공장 자동화 시스템을 의미할 수도 있고, 매일유업이나 이마트 등과 같은 유통업을 이야기할 수도 있다. 내부적인 시스템의 구현은 기술적 부분에서는 비슷한 경우가 많기 때문이다. 그 외에도 수많은 업종이 존재하기 때문에 위의 사실과 다른 경우도 분명 있다. 하지만 국내 IT 업계에서 오랫동안 일을 하다 보면 생각보다 우리나라의 IT 업계가 크지 않다는 사실을 알게 된다. 몇몇 대기업 중심으로 재편되어 있으며 전통적인 제조업 강자들의 지위가 높아 IT를 천시하는 업종도 상당수 존재한다. 시장 자체의 내수도 작아서 꾸준히 자본을 유입시키는 금융, 공공을 제외하고는 IT를 업으로 삼는 대기업이 나오기 어려운 구조다. 따라서 위의 표에 나온 업계가 IT 업계 전체의 80~90%에 해당한다고 봐도 무방하다.

표를 보면 클라이언트의 상당수가 HTML, CSS, 자바스크립트로 구성된 것을 볼 수 있다. 이는 전반적인 산업 시스템이 웹으로 이전됐기 때문이다. 이런 현상은 하이브리드 스타일(앱이나 설치형 프로그램의 내부도 웹으로 개발하는 방식)의 개발이 가지는 안정성과 쉽고 저렴한 유지보수의 특성상 더욱 확대될 전망이다.

그럼 앞서 살펴본 각 산업군의 부문별 기술을 분석해보자.

업계에서 가장 많이 사용되는 언어 HTML과 자바

우리나라 금융은 세계에서도 인정받는 웹 자동화 시스템을 가지고 있다. 금융계의 기술적인 부분을 뜯어보자.

금융시스템처럼 높은 안정성을 요하는 부분은 코어뱅킹이라고 부르는 기간계 시스템이 핵심이다. 금융권은 여신과 수신(대출과 입출금)이 가장 오래된 주요 업무인데 일자별로 계산되는 대출금 혹은 입출금의 이자 계산, 천재지변을 대비한 탄탄한 백업 시스템 등이 코어뱅킹에서 처리된다. 이런 시스템은 대부분 대단히 규모가 크고 오래된 시스템들이다. 또 오랜 시간 수정되고 보완된 시스템이라 추가적인 확장이나 업그레이드에는 대단히 보수적으로 접근한다. 그럼 우리가 사용하는 현대 금융의 수많은 서비스는 이 코어뱅킹이 모두 처리하는 것인가? 그렇지 않다. 핵심적인 은행의 업무를 담당하는 코어뱅킹과 인터페이스에는 백엔드 시스템이 존재한다. 이곳에서 자유로운 확장이나 새로운 서비스 개발을 수행한다. 앞에서 본 은행 시스템의 도식을 다시 불러내보자.

독자의 이해를 돕기 위해 단순하게 도식화한 내용이다. 실상은 백엔드 시스템도 수없이 많은 여러 시스템의 총합이고 코어뱅킹 외

〈현재 국내 금융권 시스템 단면도〉

에도 대외계(은행의 추가적인 서비스 벤더와 금결원의 금융데이터 인터페이스 등)연동도 많아서 시스템이 훨씬 복잡하다. 하지만 큰 틀을 보면 위의 단면도처럼 이해할 수 있다. 다양한 금융상품을 추가하거나 판매하기 위해 좌측의 클라이언트 영역과 백엔드 시스템의 개발에 많은 재화를 투자하고 있다. 은행권의 IT 분야로 취직을 원하는 사람이라면 백엔드 시스템의 구현기술을 집중적으로 습득하면 도움이 될 것이다. 그럼 백엔드 시스템을 구축하는 구체적인 실무 기술과 언어는 무엇일까? 국내 금융업계는 2000년을 기점으로 기존의 오프라인 시스템에서 웹 시스템으로 대대적인 이전을 수행하고 있다. 현재는 모든 은행이 웹 시스템으로 이전했고 은행의 오프라인 창구 직원 역시 브라우저로 은행 업무를 수행하고 있다. 이 시스템이 앞서 살펴보았던 HTTP 웹 서비스고, 단면도의 백엔드 HTTP 웹 서버다. 이 백엔드 HTTP 서버(줄여서 웹 서버로 칭함)가 취하고 있는 언어는 대부분 자바 기반의 WAS와 스프링 프레임워크다.

그럼 백엔드 좌측의 클라이언트는 어떤 시스템인지 알아보자. 웹 브라우저를 이용한 부분은 익히 알고 있는 웹의 브라우저 렌더링 표준인 HTML이다. 이 HTML은 HTML 마크업 언어와 CSS 그리고 자바스크립트, 이미지로 구성되어 있다. IT 산업계에는 HTML 마크업과 CSS를 이용해 화면을 디자인하는 퍼블리셔라는 직업군이 존재한다. 전문 이미지 디자이너가 전체적인 레이아웃과 디자인을 퍼블리셔에게 제공하면 퍼블리셔는 그 디자인 요소에 적절한 마크업 언어로 HTML 코딩을 수행한다.

IT 개발자의 거의 모든 것

〈흔히 볼 수 있는 웹 사이트를 구성하는 HTML, CSS 문서〉

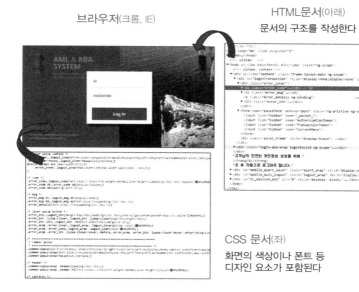

브라우저(크롬, IE)

HTML문서(아래)
문서의 구조를 작성한다

CSS 문서(좌)
화면의 색상이나 폰트 등
디자인 요소가 포함된다

그 과정에서 UI 요소를 위한 자바스크립트가 필요하면 해당 스크립팅도 수행한다. 이 뷰 파일(HTML+CSS+이미지 파일)을 백엔드 개발자에게 제공하면 백엔드 개발자는 동적인 부분에 자바와 WEB 라이브러리를 이용해 JSP^Java Server Page 파일(WAS가 컴파일하고 HTML로 변환된다)로 개발을 완료하게 된다. 우리가 쉽게 사용하는 웹 브라우저의 사이트 화면은 이렇게 많은 사람들의 손으로 만든 결과물이다.

그럼 계속해서 안드로이드와 아이폰 개발을 위해서 필요한 언어를 살펴보자. 안드로이드 개발을 위해서는 구글이 제공하는 안드로이드 스튜디오와 자바 언어를 사용한다. 하지만 위에서 살펴본 대로 하이브리드 방식의 개발이라면 안드로이드 네이티브 작업은 안드로이드 스튜디오를 이용한 자바를 이용하고, 웹 뷰 내부의 콘텐츠는 웹 브라우저와 마찬가지로 HTML과 CSS, 이미지를 이용해 개발하게 된다.

아이폰의 경우는 애플의 정책에 따라 맥북에 X-코드라는 개발 툴을 설치하고 오브젝티브-C라는 언어를 사용한다. 다른 부분에서는 쓰지 않는 애플 기기에서만 사용하는 언어라서 최근 자바스크립트와 유사한 스위프트SWIFT라는 언어를 일부 지원하기 시작했다. 하지만 이 언어 역시 애플의 독자적인 언어라 타 언어와 호환되지 않는다.

공공기관이라고 해서 딱히 다르지 않다. 개발 분야가 다를 뿐 사용하는 시스템은 매우 유사하다. 기술 부분이 중복되기 때문에 업계에 몸담은 개발자들은 두 부분을 가리지 않고 일을 하고 있다.

프로젝트를 발주하고 개발하는 과정도 매우 유사하다. 금융과 공공 부문은 시스템을 자사 직원이 개발하지 않고 SI 업체에 개발을 의뢰한다. 직접적인 개발을 수행하지 않고 요구 사항에 대한 관리 감독만 수행하기 때문에 개발 직군의 직원이 많지 않으며, 실제로 코딩을 하지도 않는다. 개발완료 후 유지보수 또한 전문 운영업체에 이관하고 월마다 유지보수 비용을 지불한다. 소위 치명적인 결함으로 인한 금융손해가 발생하면 운영업체의 과실에 따라 손해배상을 청구하면 되기 때문에 유지보수 비용이 매우 높다. 그러고 보면 시장에 기

IT 개발자의 거의 모든 것

술 종류는 매우 많지만, 가장 큰 시장인 금융, 공공 기관 부분만 떼어 놓고 보면 HTML, 자바스크립트, CSS의 디자인 부분과 WAS 시스템 위에서 돌아가는 자바 기반의 스프링 프레임워크 기술을 익히면 SI 업계에서는 대체로 취직이 어렵지 않다.

물론 이 기술베이스는 백엔드 시스템 개발자의 경우고 클라이언트 측은 안드로이드와 아이폰 개발 기술이 필요하다. 비중으로 보면 백엔드 개발자가 업무적인 부분을 많이 담당하기 때문에 수요가 많고, 모바일은 하이브리드 추세에 따라 상대적으로 수요가 적다. 모바일 부분에서는 안드로이드가 월등히 높은 점유율을 가져감에 따라 아이폰보다 개발자 수요가 조금 더 많은 편이고 개발 언어도 자바를 기반으로 하기 때문에 기존의 WEB 시스템의 언어와 중복되어 개발자 풀도 좀 더 많다고 볼 수 있다.

게임업계에서 빠질 수 없는 언어 C++

게임업계는 온라인 게임이 주축인 상황에서 윈도우의 소켓 프로그래밍 부분을 버릴 수 없다. 그렇기 때문에 MS에 종속적인 C++ 언어를 버릴 수 없고, 이 언어를 이용해 만든 프로그램은 꼭 윈도우에서 실행해야 하는 약점이 있다(하지만 근래에는 리눅스에서 C++코드를 수행하도록 대응 가능해졌다고 한다). 하지만 우리가 알고 있는 대부분의 유명한 게임들은 모두 이 C++ 언어로 만들어진 소켓 서버를 기반으로 작동하고 있다. 서버 부분 역시 WEB 진영의 스프링 같은 절대적인 프레임워크가 존재하지도 않아서 업체마다 서버를 독자적으로 개발하고 돌리는 형국이다. 이는 게임 서버 프로그래밍의 진입장벽을 높이기 때문에 기존의 게임 서버 개발자들 외에 새로이 유입되는 개발자들이 기술을 습득하고 활용하는 데 많은 격차가 난다. 자신의 능력이나 사수의 실력, 회사의 지원 등에 따라 초급개발자가 익히는 스킬 차이가 크게 벌어지기 때문에 고급 스킬을 익혀야 하는 중·고급 개발자로 성장하기가 어려운 구조다.

　클라이언트 부분의 개발은 상대적으로 선택 폭이 넓다. 클라이언트는 PC용 게임, 안드로이드와 아이폰용 게임을 개발해야 하는데 최근에는 유니티, 언리얼 같은 클라이언트 게임 개발 엔진이 워낙 막강하여 원 소스로 개발하여 동시에 여러 가지 게임 서비스가 가능해졌다. 유니티나 언리얼 같은 엔진은 일종의 개발 툴로 비주얼 스튜디오와 유사하다고 생각하면 편하다. 이 게임 엔진들은 내부적인 게임의 구현을 C++, 자바스크립트, C# 등을 이용할 수 있게 제공하기 때문에 언어 역시 사용하는 데 제약이 덜하다. 하지만 게임업계는 정부의 규제와 시장의 현황에 따라 매출과 영업이익이 영향을 많이 받기 때문에 이곳에 종사하는 중소기업 개발자들은 대우가 열악한 경우가 많다.

6

다양한
IT 기술직군

그렇다면 개발자로 진로를 정한 사람들은 어떤 기술을 익혀야 할까? 필자는 국내 IT 시장에서 개발자가 되기 위해 고려해야 하는 기술의 폭이 그다지 넓지 않다고 생각한다. 그 이유로는 경직된 조직 문화와 창업 문화, 그리고 사라진 투자 심리를 들 수 있다.

　개발자는 창업하거나 기업의 일원으로 성장하는데, 우리나라에는 과감하게 신기술을 적용하고 상용화할 수 있는 기업이 많지 않다. 현대의 IT 시장은 새로운 아이템이나 신기술을 개발하고 상용화하기에 너무 고도화됐다. 새로운 아이템 자체도 찾기 힘들뿐더러 새로운 서비스를 신기술로 무장하고 뛰어들기에는 위험 요소가 너무 많다. 자본이 풍부한 사람은 한두 번의 실패를 만회할 만한 기회가 있을 수도 있지만, 고도화되고 자본화된 사회에서 대부분의 사람은 성공을 점치기가 쉽지 않다. 그리고 대부분의 창업자는 실패는 곧 낭떠러지라고 생각한다. 이런 창업 시장의 경직 때문에 신기술이 비집고 들어오기가 쉽지 않다.

그럼 기업 차원에서 이런 기술들을 사용하고 익힐 수 있는 환경이 잘되어 있는가를 보면 또 그렇지 않다. 작은 규모의 중소기업은 큰 자본을 들여 신기술을 개발하면 시장에서 매출을 올려야 하는데, 국내의 작은 내수로는 혁신적인 매출 신장을 이루어내기 어렵다. 대부분의 IT 매출이 금융, 공공에서 발생하고 통신사에 상당 부분 유입된다고 해도 이렇게 정형화된 업계 내에서 신기술을 통해 돈을 벌기란 쉽지 않다. 주로 대기업에서 신기술을 주도해야 하는 상황인 것이다. 어려움을 딛고 성공한 기업의 기술을 대기업에서 자본을 통해 쉽게 흡수하거나 고사시키는 경우도 종종 일어난다. 대부분의 신기술들이 삼성, SK 등과 같은 굴지의 대기업들이 투자해서 성과를 내는 이유이기도 하다. 해외에서는 신기술을 개발한 중소기업이 대기업에 인수되면서 큰 성공을 이루기도 하는 것과 대조적이다. 이런 상황에서는 다양한 산업군과 중소기업에서 활발하게 신기술들이 도입되고 논의될 수 없다.

하지만 아이러니하게도 이런 사실 때문에 획기적인 아이디어로 무장을 하고 창업을 통해 사회생활을 시작하는 개발자들을 제외하면, 일반적으로 개발자라는 직군으로 취업하거나 공부하는 개인이 선택할 만한 개발 분야는 몇 가지로 좁혀지게 된다.

각 산업 분야별로 가장 많이 사용되는 C++이나 C#을 통한 보안이나 장비 임베디드, 게임 서비스 쪽으로 진출을 준비하거나(자바 임베디드도 존재한다) 공공, 금융, 포털이나 개인화 서비스 쪽의 개발을 위해 자바, 자바스크립트, HTML을 공부하거나 디자인을 위해 CSS 포토샵 등을 공부하는 쪽이 일반화된 국내 개발자의 진로다. 특히 2000년대 이후부터 유지보수의 이득 때문에 기존의 C나 MFC, 델파이, 비주얼 베이직 등의 시스템들이 웹 시스템으로 대규모 이전됐기 때문에 국내 시장은 자바 웹 분야로 쏠리는 현상이 심해졌다. 그러면 이 중에 한 가지를 골라 익히면 되는 것인지 궁금해할 수도 있겠다. 결론부터 이야기하자면 그렇기도 하고 그렇지 않기도 하다. 그 이유를 좀 더 살펴보도록 하자.

나의 성향에 맞는 직군 고르기

IT 산업계에는 기술 분야에 대한 대략적인 성향이 존재한다. 자바 계열은 수요가 많은 반면 보수가 낮고 안정적이라고 많이들 이야기한다. 바로 앞에서 이야기했던 쏠림 현상 때문이다. C 계열은 특정 분야(성능을 중요시하는 분야나 데스크톱 응용프로그램, 임베디드)에서 많이 쓰이다 보니 수요가 많지 않고 개발자도 많지 않다. 또 난이도가 어렵고 보수는 천차만별이다. 그 외 비주얼 베이직, PHP, 델파이, 코볼, 어셈블리 등의 고전적인 언어들은 거의 명맥을 유지하기도 힘들어서 개발자들이 잘 선택하지 않는 분야다. 안드로이드나 아이폰 개발은 요즘 모바일 동향에 따라 수요가 보장되지만, 하이브리드 추세 때문에 자바 서버 개발자와 항상 함께 투입되므로 개발자에 대한 객관적 수요는 소수인 것이다. 어찌 보면 이런 분야별 성향은 국내의 현실을 반영하고 있다고 볼 수 있다. 인재 시장의 수요와 공급 법칙을 잘 따르는 기업(수요)과 개발자(공급) 사이에서 저울질한 결과이기 때문이다.

자신의 성향에 가장 잘 맞는 계열을 선택하는 것이 좋을 것이다. 위에서 살펴본 것 이외의 모든 IT 산업 분야를 알고 분야별 특성을 이해하면 선택에 큰 도움이 될 것이다. 우리는 앞서 업종별로 사용하는 언어를 살펴본 바 있다. 다음은 IT 기업 분야별 세부 직업과 그 직업의 업무를 요약한 표다.

이 표를 보고도 각 직업들이 이루어내는 우리 생활 속의 개발 결과물이 금방 감이 오지는 않을 것이다. 자신이 어떤 분야의 기술을 습득하면 어떤 조직에서 어떤 일을 하게 될 것인지 면밀하게 이해하기 위해서는 다양한 개발 분야에 대한 단계적인 이해가 필요하다. 이를 통해 대략적인 전략을 세울 수 있을 것이다.

가장 접하기 쉬운 게임 개발의 경우와 네이버나 공공기관의 홈페이지 등을 비롯한 웹 개발의 예, 하드웨어 제품에 들어가는 소프트웨어 개발의 예를 좀 더 자세히 들여다보도록 하겠다.

〈직업별 기술 분포표〉

분야	직업	사용기술	비고
산업전반	UI 디자이너	포토샵, 일러스트 등	• 일반적인 프로그램의 이미지 디자이너(웹 디자인 포함). • 모바일 뷰 디자인도 겸하는 경우가 많다. • 간단한 아이콘이나 캐릭터 디자인도 한다.
	기획	MS 워드, PPT 등	게임이나 IT 프로그램의 기획을 담당한다.
	QA	국산 SMS 시스템 구축	각종 완성물을 테스트하는 전문 테스터. 도입된 지 얼마 되지 않았다.
	DB 전문가	각종 데이터 베이스 제품	MS, ORACLE, SYBASE 등 많은 데이터베이스의 설치, 유지보수, 쿼리 튜닝 등을 수행한다.
	서버 관리자	각종 OS	리눅스, 윈도우, 각종 서버 제품의 설치 유지 관리. 보통 기업 전산실에는 유지, 관리하는 인원이 존재한다.
웹	퍼블리셔	자바스크립트, CSS, HTML	웹 퍼블리싱 디자인은 이미지 디자이너와 분리되어 있다.
	자바 개발자	자바, DATABASE, WAS, HTML, 자바스크립트, JSP 등	각종 문서사용은 기본이며, 기타 사용 기술은 훨씬 많다. 자바 웹은 금융, 포털 등 대형 기업의 기반 시스템 개발에 많이 사용한다.
	PHP 개발자	PHP, DATABASE, HTML, 자바스크립트	자바와 같은 웹 기술이지만 쇼핑몰, 카페 등 난이도가 쉽고 오래된 기술이라 기업 시스템에서는 잘 사용하지 않는다.
게임	일러스트 레이터	포토샵, 일러스트 등	게임 이미지나 캐릭터 이미지 등을 생산. 직접 손그림도 그린다
	3D 디자이너	마야, 어도비, 3D 모델 프로그램	3D로 캐릭터나 오브젝트를 디자인한다. 오브젝트의 행동도 액션으로 적용할 수 있다.
	서버 개발자	C, C++	온라인 게임 서버를 개발한다. 유명한 온라인 게임들은 모두 회사에 서버 개발자를 보유하고 있다.
	클라이언트 개발자	언리얼, 유니티 등	각종 게임의 뷰를 처리한다. 서버와는 기술이 매우 다른 경우가 많다. 서버에 비해 결코 중요도가 낮지 않다.

IT 개발자의 거의 모든 것

산업전반	응용 프로그램 개발자	C, C++, C#, MFC, 델파이 등	한컴 오피스, V3 등 우리가 윈도우에서 사용하는 프로그램들을 개발한다.
	임베디드 개발	C, C++, C#	CPU 같은 칩셋에 들어가는 운영체제가 따로 존재한다. 이는 퀄컴사 등 유명한 칩셋 제조사들이 제공을 하고 각 중소기업 개발자는 그 소스를 이용해 커스터마이징한다.
	자바 임베디드 개발	자바	자바 기반의 칩셋은 자바를 내장하는 임베디딩 코드를 심을 수 있다. 리눅스 기반에 자바 프로그램을 심는 경우가 많다. 요즘은 안드로이드 플랫폼 커널 소스를 포팅하는 경우도 있다. MI UI가 대표적이다.

사례 1 : 게임 개발

게임 개발의 기획단계

일단 제작할 게임에 대한 세계관이나 유저들이 재미를 느낄 수 있는 여러 가지 요소를 고려하여 기획의 뼈대를 만든다. PPT 등을 이용해 게임의 큰 스토리 라인이나 컨셉, 전투나 직업 등에 대한 기획문서를 제작하여 회사 오너의 컨펌을 받는데 오너가 원하는 게임의 모습이 어느 정도 윤곽이 나오면 좀 더 구체화된 기획 문서를 제작하게 된다. 이때 만들려는 게임에 가장 잘 어울리는 장르와 방식을 선택한다. 오픈 월드에서 몬스터를 잡으며 성장하는 MMORPG 방식이나 스테이지별로 퍼즐을 풀며 진행해 나가는 캐주얼 장르와 같은 구체적인 설정을 이 단계에서 세우는 것이다. MMORPG 같은 경우 모바일이든 PC든 구현 양이 매우 많고 기술 난이도가 높아 제작비가 상당히 높다. 그렇기 때문에 스마트폰이 보급되고 나서는 MMORPG에 비해 개발이 쉽고 수익이 많이 나는 모바일 캐주얼 게임이 늘어나는 추세다. 기획문서가 마무리되면 서버 개발팀과 클라이언트 개발팀의 구현에 대한 기술적인 회의가 열린다. 이 회의에서 기술 파트 업무를 배정한다. 회의 결과에 따라 각 업무 구현 개발팀은 담당 기획팀과 함께 구현을 한다.

게임 개발의 개발단계

기획이 어느 정도 진행되면 화면의 대략적인 기능 문서를 PPT로 제작해 디자이너에게 넘기고 디자이너는 다시 캐릭터와 UI 등을 제작해 개발자에게 넘겨준다. 이때 3D 게임인 경우 3D 디자이너가 캐릭터나 오브젝트를 3D MAX와 같은 제작 도구를 이용해 모델링해서 개발자에게 전달한다.

클라이언트 개발자는 언리얼이나 유니티 같은 클라이언트 툴을 사용해 캐릭터의 걷기나 달리기, 공격 등을 표현한다. 서버 개발자는 각종 아이템이나 캐릭터의 행동 패턴을 명령하기 위한 작은 데이터 조각들인 패킷을 디자인해 클라이언트와 통신을 수행할 수 있도록 개발을 진행한다. 서버-클라이언트 개발자의 작업이 마무리되고 서버에서 공격 패킷을 클라이언트에게 전달하면 유저가 바라보는 클라이언트 캐릭터가 적진으로 돌격하는 모습을 볼 수 있게 된다. 이런 식으로 서버-클라이언트 개발자는 기획문서에서 확정된 기능의 화면 구현에 필요한 요소를 일일이 개발한다. 예를 들어 기획문서에

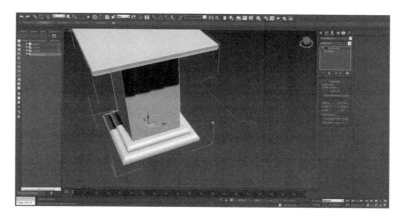

▶ 3D Max 툴로 오브젝트 모델링을 하는 모습

는 키보드의 TAB 키를 누르면 아이템 창이 나온다고 되어 있다면 클라이언트 개발자는 아이템 창을 화면에 나오도록 컨트롤하고 안쪽에 존재하는 아이템에 대한 데이터를 서버에게 요청한다. 이때 서버 개발자가 해당 캐릭터가 가진 아이템 정보를 바이트로 붙여서 클라이언트에게 보내면 클라이언트의 아이템 창에 아이템이 뜬다. 실제 게임을 실행해보면 캐릭터가 아이템 창을 열어서 아이템을 활용하고 기술을 사용해 몬스터를 타격하기도 하며 주변의 캐릭터가 동시에 공격하며 싸우는 것이 보이는데 이런 요소 하나하나를 모두 이런 식으로 구현해서 서버와 통신을 하는 것이다.

　작업이 완료되면 툴에서 안드로이드, 아이폰, 데스크톱 버전의 설치 파일을 빌드해주는데 이 빌드 버전을 유저들이 설치하고 게임을 즐기게 된다.

▶ 유니티 툴을 이용해 클라이언트 게임을 개발하는 모습

게임 개발의 테스트 단계

게임이 거의 완성 단계에 이르면 게임사에서는 완성도를 높이기 위해 전문 테스터인 QA에게 검수를 요청하는데 수많은 예외 케이스가 이 과정에서 도출되고 디자이너와 개발자가 이를 수정하거나 리팩토링refactoring 1 하게 된다. 테스트를 진행할 때는 아이템 창에서 수많은 아이템들이 모두 잘 사용되는지, 해당 효과들의 수치가 올바른지, 또 몬스터의 체력은 적당한지 등등 전반적인 테스트를 하면서 어색하거나 말도 안 되는 콘텐츠가 있는지 찾아내 해당 부분 개발자에게 피드

---

1 소프트웨어 공학에서 '결과의 변경 없이 코드의 구조를 재조정함'을 뜻한다. 보통 복잡도가 높은 프로그램의 경우 버그가 없음에도 향후 유지보수 비용의 절감을 위해 더 효율적인 코드로 변경하거나 성능이 좋지 않은 코드를 제거하고 더 좋은 방식으로 재개발하는 경우도 있다.

백을 준다. 문제점을 개발자가 수정하면 다시 게임의 처음부터 끝부분까지 테스트를 수도 없이 반복한다. 이렇게 테스트를 많이 해도 실제 운영에 들어가면 수만 명의 게이머가 버그를 제보해 오거나 서버가 다운되는 일이 발생한다. 물론 개발자에게 이와 관련되어 금전적인 손해에 대한 책임 소지를 지우지는 않는다. 게임 개발사도 사람이 만드는 것에 대한 실수를 인정하기 때문이다. 테스트 때 심각한 문제점이 발견되는 경우는 프로젝트가 무기한 연장되기도 하며 심할 때는 프로젝트가 중단되는 사태가 발생하기도 한다.

대표적으로 테스트 항목에는 스트레스 테스트도 포함되는데 이테스트는 수만 명의 게이머가 접속했다고 가정하고 엄청난 접속 테스트를 수행하는 것을 말한다. 이때 예상보다 형편없는 서버 성능을 보이면 실제 운영 시 무조건 문제가 생긴다. 이렇게 서버의 기술력이 부족해서 스트레스 테스트에 실패하면 프로젝트가 아예 중단되어 버린다. 보통 기술력이 부족한 중소기업의 온라인 게임 개발에서 볼 수있는 경우다.

게임 개발의 퍼블리싱 단계

게임을 잘 만들었다고 해서 그것으로 끝나지 않는다. 광고를 하지 않으면 이런 게임이 존재하는지조차 게이머들은 알지 못한다. 한 해 구글 플레이 스토어에 등록되는 게임은 2만 개가 넘는다고 한다. 수많은 인디 게임 개발사들이 대박을 꿈꾸며 밤을 지새워 만든 게임들이 대부분이다. 그 때문에 개발사가 게임을 만들면 퍼블리싱을 전문으로 수행하는 업체에 퍼블리싱을 맡기고 광고도 하고 해외 판매처에 판매를 하거나 해외 퍼블리셔들에게 소개도 하면서 매출을 발생시킨다. 안타깝게도 정말 대단한 작품을 만들고도 빛을 보지 못하는 게임이 많은 것이 현실이다. 이렇게 퍼블리싱이 잘되고 게이머들도 많이 유입이 되면 실 운영에 들어가게 되는데 초반에는 많은 유저가 한꺼번에 몰려서 서버가 다운되기도 하고 수많은 버그가 발생해 유저가 급속도로 이탈하는 경우도 생긴다. 이런 과정을 무사히 거치고 나서야 시장에 안착한다.

사례 2 : 웹 개발

웹 개발의 기획 단계

웹의 경우 먼저, 제작해야 하는 사이트의 기능을 분석하는 단계에서 기획자가 현업들의 요구 사항을 취합하고 문서화한다. 이 과정에서 현업의 기능 명세가 도출되고 일종의 미리보기 화면인 프로토타입을 시각화한다. 이때 웹의 색감이나 그 기업을 표현하는 로고 혹은 CI^{Corporate Identity}에 대한 컨셉도 확정하는데 이런 컨셉은 전체 웹의 분위기나 느낌을 크게 좌우하기 때문에 매우 신중하게 현업과 협의한다. 컨셉이 마무리가 되어가면 실제 개발할 메뉴들을 확정하며 각 메뉴가 확정되는 대로 그 화면의 기능을 PPT로 기획하여 퍼블리셔에게 제공한다. 이때 웹 퍼블리셔는 웹의 화면을 디자인하는 HTML

▶ 디자이너가 디자인한 화면을 퍼블리셔가 HTML로 동일하게 만든다.

과 CSS 작업을 하는 직업군을 뜻한다. 기획이 마무리된 화면을 아름답게 디자인하는 것은 디자이너 몫이다. 디자이너가 포토샵 등을 이용해 사이트의 외관을 디자인하면 그 이미지를 보고 전문 퍼블리셔가 HTML과 CSS를 이용해 화면을 HTML 브라우저 화면으로 동일하게 새로 디자인한다.

웹 개발의 개발 단계

개발 단계에서는 퍼블리셔가 제공해준 디자인 파일을 웹 개발자가 넘겨받아서 서버로부터 받아온 데이터를 화면에 동적으로 표현한다. 웹은 게임과 다르게 백엔드 개발과 프론트화면 개발을 자바 웹 개발자가 모두 처리하는 것이 일반적이다. 이때 개발자는 기획 문서에 도출된 기능 명세를 모두 화면에 구현하고 그 과정에서 서버 측의 예외 사항이나 데이터베이스 쿼리 혹은 대외계(결제 시 외부의 카드사 시스템 연동과 같은 타 시스템 연동) 통신 연동 등을 통해 기획된 데이터를 처리한다. 하지만 이런 다양한 이슈를 각각의 개발자가 혼자 맡다 보면 여러 명으로 이루어진 개발 팀원들의 실력이 모두 제각각이라서 재사용성이 매우 낮고 품질도 떨어지는 소프트웨어가 개발될 확률이 높다. 이를 보완하기 위해 화면 개발을 맡지 않고 전체적인 시스템을 설계하고 공통화 컴포넌트 등 재사용성 높은 모듈을 제작하고 배급하는 개발자가 따라붙는데 이 직군이 소프트웨어 아키텍처다. 이들은 높은 기술력 프로젝트 내의 모든 문제점을 해결하는 실력을 갖추고 있어서 보통 PL을 맡는 경우가 많다.

웹 개발의 단위 테스트 단계

금융이나 공공 웹은 전체적인 테스트를 체계적으로 하는 편이다. 먼저 개발자들이 자신의 프로그램에 대한 기초적인 단위 테스트를 실시한 다음 전문 QA 테스트를 수행하고 마지막으로 현업의 인수 테스트를 진행한다. 단위 테스트 시에는 말 그대로 그 화면의 기능이 잘 돌아가는지, 화면이 어색한 점은 없는지, 논리적으로 이상한 부분은 없는지 등의 단순한 테스트만 수행한다. 여기서는 그 화면의 어떤 컬럼 값이 어떤 곳에서 입력되었는지 검수하지 않기 때문에 테스트가 완료되었다고 할 수는 없다. 일정에 비해 항상 업무량이 과도한 개발자들이 이 이상의 꼼꼼한 테스트를 수행하는 것은 비효율적인

　　　　　　　　　　　　　IT 개발자의 거의 모든 것

일이기 때문이다.

웹 개발의 QA 단계

QA^{Quality Assurance}는 불과 몇 년 전까지도 경시 받는 단계였다. 테스트를 허술하게 진행하는 경우가 비일비재했는데 그 이유는 당연히 일정에 쫓기기 때문이었다. 하지만 이런 부실한 테스트는 수많은 버그를 발생시켰고 그로 인한 피해 사례들이 많이 생겨나면서 최근에는 전문 QA팀을 고용해 테스트를 수행하는 경우도 많아졌다. QA는 각 화면에서 발생할 수 있는 케이스를 모두 도출하여 그 값의 기댓값까지 모조리 검증하기 때문에 테스트 양이 어마어마하게 많다. 예를 들어, 상품의 구매 페이지에는 상품의 수량과 가격, 포인트와 배송비가 포함되어 있는데 이 각각의 종류에 따라 배송비, 할인률, 포인트 제공량이나 제외 물품 등이 부가적인 속성으로 따라붙는다. 이렇게 되면 케이스별로 테스트할 것이 무수히 많아지며 몇 가지만 나열해도 다음과 같다.

1. A 상품은 배송비가 무료, 포인트 사용 불가, 합계 1만 원 이상 시 1% 고정 포인트 적립
2. B 상품은 2개 이상일 경우 배송비가 무료, 포인트 사용 가능, 1만 5000원 이상부터 배송비가 무료
3. C 상품은 A 상품과 출고지가 같다면 같은 곳에서 출하되므로 배송비는 1건에 대해서만 부과

4. D 상품은 포인트 사용 시 배송비 무료조건 제거됨.

5. E 상품은 해외 배송 상품이기 때문에 배송비가 나중에 국내 반입되었을 때 확정됨.

케이스별로 수량, 금액, 포인트 조건이 달라질 때마다 그 기댓값을 모두 검증한다고 생각하면 머리가 지끈거린다. 이런 복잡하고 어려운 테스트는 개발자 개개인이 절대로 혼자 수행할 수 없다. 이런 테스트는 모든 화면별로 분석해야 하고 전문적으로 수행하는 시간도 오래 걸리기 때문에 통상 1달 이상 수행한다.

웹 개발의 통합 테스트(인수 테스트) 단계

통합 테스트 단계에서는 QA가 꼼꼼히 검증한 결과를 실무자들이 실제 업무에 적용하여 사용해본다. 일종의 가오픈 단계이기 때문에 외부 인력이 아닌 발주사의 실무자 몇몇이 해당 프로그램을 몇 주간 이용하면서 피드백을 준다. 이때 테스트의 주목적은 QA조차 알 수 없는 회사의 업무 관련 내용을 실무자들이 사용해보며 데이터를 검증하는 것이다. 예를 들어, 공공서비스에서 사업자의 세금을 계산해줄 때 개인 사업장의 업종과 업태에 따른 세율이 모두 다른데 이는 QA가 회계사 출신이 아니라면 절대로 알 수 없는 내용이다. 이때 실무자들은 실제 프로그램에서 계산된 세금을 검증해보는데 이런 민감한 업무는 이전에 QA와 협의하여 최대한 테스트를 했더라도 다시 꼼꼼히 점검해본다. 특히 개발 시에는 업무 꼭지별로 담당 개발자가 각기 다르기 때문에 A 담당자의 화면이 B 담당자의 화면에 노출되면 안된다거나 결제 권한이 없는데 결제 버튼이 나온다거나 하는 이슈는 실제 운영에 들어가고 각 실무 파트 담당자들의 피드백을 받은 후에야 투명하게 드러나는 경우가 많다.

사례 3 : 하드웨어 제품 개발

하드웨어 제품 개발의 기획 단계

각종 디바이스들의 개발을 위해 사용되는 기술은 천차만별이지만 대략적인 단계는 다음과 같이 도출해볼 수 있다. 어떤 제품을 만들 것인가는 제품 기획팀에서 발주를 하지만 통상 회사에서 신제품을 만드는 한 기존의 기획내용이 존재할 것이다. 이 제품을 업그레이드하거나 응용하여 다른 제품으로 만드는 수준에서 기획이 마무리된다. 하지만 제품은 소프트웨어처럼 쉽게 만들어 볼 수 있는 것이 아니기 때문에 3D 모델링 같은 툴로 프로토타입을 만들어보는 과정이 필요하다.

하드웨어 제품 개발의 디자인 단계

제품의 디자인은 외형과 재질에 따라 달라지며 외형에 대한 프로토타입은 아래의 3D MAX 같은 툴로 제작해 볼 수 있다.

디자이너가 디자인한 외형을 가상으로 한번 살펴보고 외형에 대한 최종 결정이 나면 목각 시제품을 만들어 외형을 살펴보는 과정

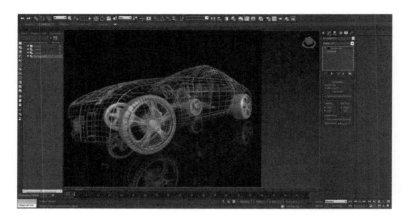

▶ 제품 프로토타입 렌더링

으로 이어진다. 단순 금형이나 목각 외형을 제작해주는 업체들은 인터넷에서도 쉽게 찾아볼 수 있다. 단순 목각 디자인이라도 크기나 외형에 따라 몇만 원에서 수천만 원까지 비용이 천차만별이며 비용이 많이 드는 경우 나중에 최대한 수정하지 않도록 내부 기판의 생김새를 고려해 디자인에 반영해야 한다.

하드웨어 제품 개발의 기판 제작 단계

냉장고나 세탁기, 유아용 휴대 전화기 같은 단순해 보이지만 특별한 소프트웨어 기능들을 제품에 심어야 하는 경우, 해당 기능이 내장된 기판 제작부터 시작한다. 하지만 인터넷 통신이 가능한 네트워크 칩셋과 온도나 습도를 알 수 있는 센서 등 수많은 기능을 포함하는 기판을 개개인이 만들어낼 수 없으므로, 해당 기능을 모두 포함하고 외관이 예쁘고 최대한 작은 기판을 오류 없이 제작할 수 있는 전문 업체에 의뢰한다. 기판의 가격 역시 크기나 내부 칩셋 종류에 따라 수백에서 수천만 원 이상의 비용이 들어간다. 신제품 개발 시에는 양산하기 전의 시제품에 비용을 많이 들인다. PCB 기판 제작 업체에서 개발자가 최초 프로토타입을 받아서 내부의 칩셋에 커스텀 소스를 임베디드하는 작업은 대부분 C나 C++로 이루어진다. 예를 들어, 버튼을 누를 시 특정 문자가 휴대폰으로 자동 전송되는 기능을 가진 휴대용 손목시계가 있다고 해보자. 이때 이 손목시계 안에 들어갈 작은 PCB 기판을 제작해야 한다. 그 조그마한 기판에는 네트워크 칩셋과 작은 배터리, 업무를 처리할 작은 CPU 등이 포함될 것이다. 여기에 소리까지 처리한다고 하면 조그마한 마이크가 들어갈 수도 있다. 때

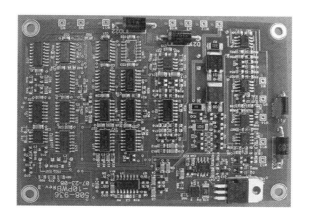

▶ 기판의 모양은 최종 제품의 모양에 따라 변경될 수 있다

로는 맥박을 체크하는 센서가 포함되기도 한다.

　사물인터넷의 발달로 근래 각종 센서 장비들은 굉장히 다양해
지고 작아졌다. 다양한 기능을 가진 센서들을 위와 같은 PCB 기판에
연결하면 기판의 내부 회로에 따라 데이터가 흘러 다니고 이 데이터
들은 임베디드된 CPU 운영체제로 모이게 된다. 이런 단계로 개발자
들은 센서와 작은 장비들을 컨트롤하여 제품을 만드는 것이다.

하드웨어 제품 개발의 임베디드 개발 단계

기판에 센서와 전원이 연결되면 특정 장비를 기판에 연결하여 내부
운영체제에 접속하며, 이곳에 임베디드 소프트웨어를 설치하고 구
동하여 각 장치들이 프로그램에 따라 동작을 하게 한다. 이때 내부에
심는 프로그램은 크기가 매우 작고, 빠른 속도를 요하기 때문에 소스
의 파일이 많거나 지나친 기교를 부리지 않고 작성되는 경우가 많다.
이렇게 버튼이나 센서의 신호를 받아서 다른 기능을 작동시키는 단
순해 보이지만 단순하지 않은 작업을 개발자가 마무리하면 제품 테
스트를 거쳐 시장에 선보이게 된다. 이보다 훨씬 더 복잡하겠지만 안
드로이드 스마트폰 역시 이런 식으로 개발이 진행되며 이때의 칩셋
소스는 구글이 제공하는 안드로이드 운영체제 소스[AOSP]가 된다.

　제품들은 크게 기능이 복잡하지 않아서 보통 전문 테스터가 테
스트를 하지는 않지만 내구성 등이 중요하거나 운영체제 등이 탑재
된 휴대폰 같은 경우는 소프트웨어 개발 때와 같이 전문 테스트를 진
행하기도 한다.

7

내 손으로 구현하는
상상 속의 기술

2002년에 개봉한 영화 〈마이너리티 리포트〉는 SF 장르에 어울리는 신기한 기술들로 관객의 눈길을 사로잡았다. 이 영화에 등장했던 수많은 기술이 이제 현실로 다가올 날이 멀지 않은 것 같다. 거리마다 붙어 있던 홍채 인식 시스템, 허공을 휘젓던 터치리스 제어 기술과 홀로그램, 자동차의 자동항법 기술 등은 이미 상용화를 앞두고 있다.

먼 미래에나 나타날 것 같던 SF 기술들이 현실에 속속 등장하는 모습을 보고 있자면 기술 가속도가 상상을 초월한다는 생각이 든다. 여러분이 개발이라는 화두에 몸을 맡기고 있다면, 따라잡기가 버거울 정도로 신기술이 쏟아져 나오는 걸 피부로 느낄 것이다.

각종 미디어나 언론을 통해 쏟아지는 기술 이슈를 찾아보고 개발의 측면에서 분석해보자. 미래 예측에 대한 이슈를 살펴보면 기술들의 실현 가능성을 예상해볼 수 있다. 기술에 대한 실현 가능성을 살펴봄으로써 개발자를 직업으로 삼았을 때 전망이 좋은 분야는 어디일지 분석해보는 것을 추천한다.

신기술을 살펴보기 위해서는 원천 기술을 이해할 필요가 있다. 다음에 이어지는 내용은 개발 분야의 고전과 같은 내용이자 향후 100년 이상은 써먹을 필수 기술들이다.

이 장에서는 너무도 당연한 기술로 굳어져서 IT 패러다임이라 표현해도 이상하지 않은 서버 기술, HTTP 웹 서비스와 TCP-IP 소켓 서비스에 대해 알아보겠다. 그리고 다른 기술들과 융합되어 어떻게 미래 기술로 이어지는지 그 원리도 살펴보자.

가장 강력한 구현 도구, HTTP 웹 서비스

개발에 몸담고 있거나 IT에 관심이 있는 사람이라면 웹 2.0, 웹 3.0이라는 말을 한 번쯤은 들어봤을 것이다. 2000년대 초반, 구글의 혁신적인 서비스를 논하며 새로운 시대가 왔음을 떠들썩하게 표현할 때 사람들의 입에 가장 많이 오르내린 말이 바로 '웹 2.0'이다. 시간이 흐르고 전문가들에 의해 재정의되면서 '웹 2.0'은 공유와 사용자 참여의 대명사가 됐다.

하지만 실무 개발자들의 입장에서 볼 때 웹 2.0은 전혀 새로운 기술이 아니었을뿐더러 어려운 기술도 아니었다. 다만, 사용자 친화적으로 기존의 서비스를 유려하게 제공했다는 것에 큰 의미가 있었다. 기술에 대한 지식이 없다면 이해하기 쉽지 않겠지만, 다음의 내용이 여러분이 앞으로의 혁신을 이해하는 데 도움이 될 것이다.

웹 2.0의 시발점이 된 기술은 AJAX로 웹 서비스 초기부터 지원되었던 자바스크립트 기술이다. 이 기술을 이해하기에 앞서 웹 서비스에 대해 더 자세히 알아보자. 웹 분야 개발자로 일하고 싶다면 이 기본적인 사상을 제대로 이해하고 있어야 한다.

통신 기술은 기본적으로 HTTP 통신과 소켓 통신 기술을 생각하면 이해하기 쉬울 것이다. 먼저 HTTP 통신에 대해 알아보자. HTTP 통신에는 여러분이 인터넷 브라우저로 이용하는 모든 서비스가 포함된다. HTTP 통신 규약은 HTML로 표현된 데이터를 주고받은 표준을 뜻한다. 보통 자바 언어를 능숙하게 사용하는 개발자들이 자바 웹 개발자라고 불리며 다양한 HTTP 기반의 애플리케이션을 개발한다. 하지만 현대에 HTTP 통신 규약은 그 규약대로 주고받은 데이터를 데이터적인 측면에서 바라본다. 그래서 HTTP 통신을 이용해 주고받은 데이터를 HTML, XML, JSON, 바이너리 데이터 등 클라이언트 플랫폼에 맞는 데이터 형태로 주고받도록 고도화, 경량화되며 발달했다.

다음 그림은 HTTP 서버의 구조를 간략화한 것이다.

좌측의 인터넷 브라우저는 사용자들에게 친숙한 인터넷 익스플로러, 크롬과 같은 일반 브라우저를 뜻하고 다양한 클라이언트는 안드로이드 스마트폰 단말기에 설치된 다양한 앱이나 어떤 장비

IT 개발자의 거의 모든 것

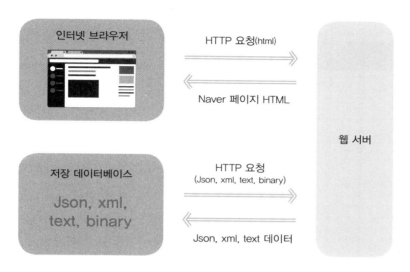

〈웹 서버가 수행하는 핵심 역할〉

인터넷 브라우저

HTTP 요청(html)

Naver 페이지 HTML

웹 서버

저장 데이터베이스

Json, xml,
text, binary

HTTP 요청
(Json, xml, text, binary)

Json, xml, text 데이터

에 설치된 디스플레이에 표시되는 화면, 화면 없이 데이터 처리만을 하는 어떤 프로그램 등을 의미한다. 위아래로 나누어 그린 이유는 HTML과 나머지 데이터 포맷의 용도가 다르기 때문이다.

첫째, 브라우저 렌더링 표준 HTM에 대해 살펴보자. 인터넷 브라우저로 접속하는 수많은 사이트는 모두 HTML로 제작된 문서이다. 브라우저에 대한 개발적인 정의는 HTTP 프로토콜을 이용해 서버에 접속해서 받아온 데이터를 분석하고 보여주는 도구이다. 결국 서버에서 도착한 데이터가 HTML이면 브라우저는 HTML 렌더링 표준에 맞도록 구문을 분석해서 화면에 표현해주는 도구 정도가 된다.

우리가 브라우저에서 사이트에 접속해서 볼 수 있는 화려한 색

▶ 네이버 페이지(좌)의 렌더링을 하기 위해 작성된 HTML 문자열(우)의 일부

이나 이미지, 도표들은 이 HTML 표준에 맞추어 제작된다.

둘째, 구조화된 데이터 덩어리 XML, JSON에 대해 살펴보자. 요즘 인터넷 사이트는 예전보다 속도가 확연히 빨라졌고, 화면 교체 없이 동적으로 흐르듯 화려하게 표현된 경우가 많다. 게다가 매우 편리하다. 이전에는 개발자들이 이런 동적인 화면 요소를 힘들게 구현하는 경우가 많았다. 동적으로 생성되는 화면 요소와 흐르는 듯한 UI들은 기존의 정적인 데이터인 HTML로는 개발할 수 없었기 때문이다. 이런 시행착오들은 점점 더 전문적인 기술에 편입되면서 발전하게

IT 개발자의 거의 모든 것

됐는데, 그 결과 웹을 구현하는 핵심 도구로 자바스크립트가 크게 발전했다.

구글의 크롬 브라우저와 파이어폭스로 대변되는 웹 표준 브라우저 진영의 발전은 MS의 IE가 독점하던 딱딱하고 정적인 웹 시장에 지각변동을 일으켰고 그 결과 자바스크립트 web kit engine의 극적인 성능 향상을 불러왔다. 이 기술과 더불어 서비스 지향점이 사용자 친화적으로 더욱 고도화되면서 경량화된 패킷 데이터 시대가 열렸다. 결국 화면을 표현하는 데 필요한 HTML을 가져온 이후 화면에서 일어나는 부가적인 서비스들은 모두 JSON, XML 데이터 타입으로 표현된 중요 데이터만 서버로부터 받아와 처리하게 됐다. 이때 사용자의 작업을 방해하지 않는 비동기 처리를 위해 자바스크립트의 AJAX 기술을 이용했다. 그리고 이는 곧 웹 2.0 시대를 여는 열쇠가

▶ 데이터를 표현하는 JSON 데이터 포맷(좌)과 XML 데이터 포맷(우)

됐다. 그 때문에 데이터를 구조적으로 표현하는 데이터 포맷 표준인 JSON과 XML은 수많은 서비스에서 표준 데이터 인터페이스로 채택 됐고 이 둘 중 JSON 포맷의 압승으로 결론이 났다.

셋째, 파일을 다루는 바이너리 데이터^{binary data}에 대해 살펴보자. 웹 서비스를 위해서는 웹 서버가 필수적이다. 웹 애플리케이션 서버^{Web Application Server, WAS}(흔히 웹 서버라고 부른다)는 수많은 유료 벤더가 존재하지만, 웹 개발자에게 친숙한 아파치 톰캣^{Apache Tomcat}은 무료 웹 애플리케이션 서버의 한 종류다. 웹 서비스는 데이터 처리의 안정성을 최우선 과제로 삼는다. 이 요소를 최대한 보장해주면서 각종 웹 기술들은 점차 고도화됐고, 그 고도화의 산물로 스프링이라는 혁신적인 웹 서버 프레임워크^{Web Server Framework}가 등장했다. 웹의 안정성은 개발의 편의성, 확장성, 신뢰성을 모두 포함한다. 이 요소들을

[80,75,3,4,20,0,6,0,8,0,0,0,33,0,-48,-123,91,-31,-32,1,0,0,-104,8,0,0,19,0,8,2,91,67,111,110,116,101,110,116,95,84,121,112,101,115,93,46...

▶ 이 글이 쓰인 문서의 바이너리 데이터 일부

IT 개발자의 거의 모든 것

가장 적절히 수용하는 개발 플랫폼이 최종적으로 안정적인 웹 플랫폼으로 평가된다. 스프링은 웹 개발자들에게 정답에 가까운 무료 오픈소스 웹 서버 플랫폼으로 자리 잡았다. 이런 역사적인 흐름은 웹의 강력한 성능을 담보로 파일의 입출력도 처리하기 시작하는데 무겁고 큰 파일을 주고받는 것은 아직 쉽지 않지만, 경량화 파일인 각종 문서, 이미지, 조그만 실행 파일을 주고받기에는 충분해졌다. 이때 주고받은 데이터 표준이 바이너리 데이터다. 컴퓨터는 모든 파일을 바이트로 관리하는데 이 바이트 덩어리를 바이너리 데이터라고 한다.

이제 HTTP 프로토콜의 사용범위에는 한계가 없다. 그 어떤 서비스 타입의 개발에 도입해도 95% 이상의 개발 완성도를 보여준다. 이런 특성으로 인해 HTTP 프로토콜은 산업 전반에 광범위하게 도입되어 있다.

실시간 인터랙션을 위한 유일한 대안, TCP-IP 소켓 통신

위에서 살펴본 HTTP 통신이 수행하지 못하는 유일한 기능이 바로 탈사용자적 서버 응답이다. 좀 더 쉽게 표현하자면 실시간 응답을 요하는 기능을 말한다. 대표적으로 채팅을 들 수 있는데, 사용자가 가만히 있더라도 서버로부터 채팅 메시지가 도착하기 때문이다. 이런 실시간 요소는 HTTP로 구현하기에 적합하지 않은 서비스다. 그럼 이런 서비스는 또 무엇이 있을까? 바로 여러분이 컴퓨터에서 흔히 접할 수 있는 온라인 게임이 바로 실시간 인터랙션의 대명사다.

HTTP 통신의 기본 구조는 리퀘스트[Request]와 리스폰스[Response]로 대변된다. 즉, HTTP 서버는 리퀘스트 없이 리스폰스를 클라이언트에 전달할 수 없다. 아무런 요청 없이도 대기 중에 상대의 메시지가 오는 구조의 메신저 기능을 순수 웹으로는 구현할 수 없는 것이다. 그럼 소켓 통신이 훨씬 우월한 것이 아닌가 하는 의문이 생길 수 있겠다. 우리가 보는 웹도 소켓으로 구현하면 훨씬 훌륭한 웹 서비스가 되지 않을까 하는 의문도 충분히 품을 수 있겠다. 가능한 이야기다. 소켓을 이용한 플랫폼이 기존의 웹 서비스 플랫폼만큼 안정적이고 개발 속도도 빨라서 개발 비용이 적게 들었다면 시장은 자연스레 이 기술을 받아들였을 것이다. 하지만 우리가 경험하는 대부분의 서비스는 실시간 인터랙션 통신을 필요로 하지 않는다. 실시간으로 주고받아야 하는 서비스는 게임, 메신저, 푸쉬 알림 정도가 있다. 따라서 상대적으로 개발이 쉽고 비용이 적게 드는 HTTP 방식이 산업 전반에 더 많이 이용된다.

하이브리드 앱

현대 사회에서 IT 시스템은 중앙 처리 서버의 도움이 없으면 파괴력이 매우 약하다. 고객들에게 유용한 서비스는 대부분 집약적인 정보

축적을 달성했을 때 극대화되기 때문이다. 대표적인 모바일 서비스인 카카오톡, 페이스북이나 웹 서비스의 각종 커뮤니티 게시판 서비스 등을 상상하면 이해하기 쉬울 것이다. 이런 서비스들은 사용자가 모일수록 유용성과 파급력이 커진다. 서버에서 타 사용자 계정과의 연동, 데이터 저장 그리고 공유 서비스 구현이 뒷받침되지 않는다면, 개인에게 흩어져 있는 정보들이 집약되지 못한 채 금방 사라져버리기 쉽다. 서버 기술의 양대 산맥으로는 HTTP 과 소켓 서버 기술이 있다.

갑자기 글에 어려운 용어가 많이 등장해서 당황했을 수도 있겠다. 기술을 잘 모르는 일반인이나 개발 초년생에게는 좀 어려웠을 것도 같다. 하지만 우리가 사용하는 모든 서비스는 이 서버 기술이 필수적으로 포함되어 있으니, 조금 더 알아보도록 하자.

앞서 설명했던 서버 기술은 현대 IT 시스템의 핵심이다. 그런데 이 핵심 기술이 패러다임의 변화와 함께 더 혁신적으로 변화하는 시대가 왔다. 이런 변화는 갑작스러운 현상이 아니다. 사람들이 사용하는 매체가 다양해지면서 이미 널리 사용되고 있던 기술들이 서로 융합되었고, 그런 다수의 서비스들이 시장에서 킬러 서비스로 크게 성공을 거뒀다. 그런 서비스들을 본보기 삼아, 그 기술들이 시장에 보급되었다. 자본주의 특성상 성공한 서비스는 급속도로 확산하는 속성 때문에 산업 전반에서 갑자기 튀어나온 듯 보일 뿐이다. 이런 변화의 중심에 하이브리드 웹이라는 다소 생소한 단어가 눈에 띈다.

하이브리드 웹은 말 그대로 웹에 무언가가 섞였다는 의미다. 우리는 웹을 떠올릴 때 흔히 인터넷 브라우저를 열어서 네이버나 구글에 접속하고 검색하는 일련의 과정을 생각한다. 그런데 요즘은 컴퓨터보다 모바일로 접속하는 경우가 더 많다. 그렇다고 인터넷을 모바일로 수행하는 웹 서핑 체험만이 웹 기술 영역이라고 생각하면 큰 오산이다. 모바일 시대가 왔을 때 초기에 가장 많이 출시된 모바일 앱은 기존에 존재하던 서비스를 모바일 버전으로 리패키징한 앱이었다. 사용자들은 구글에 접속하기 위해 사파리나 모바일 크롬 같은 모바일 브라우저를 터치하지 않고 구글이란 앱을 터치해서 바로 검색하길 원한다. 사용자의 이런 경향은 웹 서비스로 존재하는 수많은 콘텐츠가 여러 개의 소주제로 묶여서 개인화 앱으로 재배포되는 과정을 촉진시켰다. 이 과정에서 하이브리드 웹 기술이 각광받게 됐고, 하이브리드 웹은 웹 서비스를 모바일 서비스 속에 통합시킨 모양을 의미하게 됐다. 이런 앱들을 하이브리드 웹, 하이브리드 앱, 심지어 하이브리드 웹 앱hybrid web app이라고 혼용하여 부르는데 모두 같은 의미다. 필자는 이하 하이브리드 앱이라고 통칭하겠다.

하이브리드 앱을 이해하려면 먼저 등장 배경을 알아야 한다. 안드로이드 앱 개발(하이브리드가 아닌 순수 안드로이드 앱 개발 방식으로, 보통 네이티브 앱이라고 표현한다)은 안드로이드 개발 툴과 안드로이드 SDK로 실행된다. 기존 웹 서비스의 렌더링 기술인 HTML은 브라우저 렌더링에 종속적이므로 사용할 수 없고, 안드로이드 운영체제가 지원해주는 렌더링 체제로 제작할 수밖에 없다. 우리가 윈도우를 깔아서 MS 워드를 사용할 때 워드 프로그램이 윈도우가 화면에 그려주는 렌더링 기술로 표현되는 것과 같다. 결국 안드로이드 앱 개발은

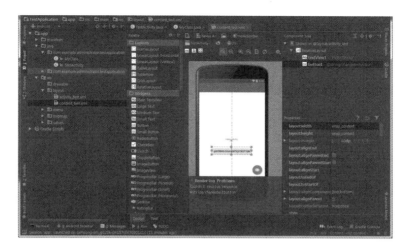

▶ 안드로이드 스튜디오를 이용해 앱을 제작하는 모습

안드로이드의 VIEW 컴포넌트를 이용해 제작하게 된다. 이는 안드로이드의 심각한 파편화를 일으키고 유지보수 비용을 크게 상승시킨다. 한마디로 만들기도 어렵고 수정하기도 복잡하고 비용도 많이 필요하다는 이야기다.

　　아이폰은 애플이 일괄적으로 관리하기 때문에 그나마 파편화에서는 벗어나지만, 산업의 규모가 작아 업체에서 개발자를 구하기가 어렵다. 그럼에도 아이폰과 안드로이드의 UI 컴포넌트를 이용한 앱은 그 화려함과 편리함으로 사용자들에게 크게 어필이 되기에 포기할 수 없는 영역이다. 그래서 그동안 발전한 서버 기술력으로 UI는 최대한 모바일 컴포넌트를 이용해 화려하게 구현하고, 데이터는 서버로부터 JSON 형태의 순수 데이터 패킷만을 주고받는 앱 제작 기

▶ X코드 툴을 이용해 아이폰 앱을 제작하는 모습

술로 발전해왔다. 하지만 앱 제작 기술이 아무리 발전해도, 다양한 해상도로 쏟아져 나오는 핸드폰, 태블릿, 스마트폰과 태블릿을 합친 형태의 패블릿phablet, 노트북 등 모든 계열의 하드웨어 UI를 구현하기는 어려웠다. 나아가 구현한다 해도 유지보수할 수 없는 심각한 파편화 상황을 맞이하게 됐다.

이런 어려움 속에 산업의 시름이 깊어질 즈음 안드로이드의 웹 뷰 컴포넌트를 이용한 하이브리드 앱이 주목받기 시작했다. 앱 컴포넌트를 이용한 제작 시 가장 문제가 되는 부분은 앱 업데이트 부분이다. 아주 사소한 컴포넌트 색상이나 크기만 바꿔도 앱 업데이트를 수행하여 사용자 경험을 크게 해친다. 또 운영체제 버전이 업그레이드되면 앱이 오작동할 확률도 커진다. 이런 특성은 모든 서비스 방식에서 동일한 문제점이지만, 사용자로서 브라우저를 이용해 웹 서비스를 이용하면 이런 문제는 최소화된다. 여러분이 웹 서핑을 할 때 사이트가 대규모 공사 중이어서 잠시 막혔던 적은 있어도 사소한 업데이트 때문에 접속을 못 했던 경우는 한 번도 없었을 것이다. 그뿐 아니라 화면의 크기를 마구 줄이고 늘려도, 심지어 태블릿이나 핸드폰으로 들어가도 갑자기 강제 종료되거나 접속을 못 하는 경우는 없었을 것이다. 이런 웹 서비스의 안정성은 CSS와 자바스크립트, HTML로 이루어진 웹 서비스 렌더링의 유연함 덕분에 가능하다.

이런 장점을 앱 제작으로 흡수시킬 방법을 고심하다 현대 모바일 서비스의 핵심으로 부상한 것이 하이브리드 앱 기술이다. 설명이 길었지만 한마디로 앱을 만들 때 내부에 안드로이드 웹 뷰 컴포넌트 하나만 올려두고 나머지는 웹 서버에 접속하도록 앱 영역이 돕는 역할을 하는 것이다. 이렇게 하면 앱 기술이 최소화되는데 웹에서 구현할 수 없는 카메라, 사진 라이브러리 등을 앱에서 지원해주면서 앱 같은 웹이 된다. 이렇게 양쪽의 장점을 적절히 섞었기 때문에 하이브리드 앱 혹은 웹 앱이라 부른다. 이런 전략을 쓸 때 가장 큰 장점은 유지 비용이 최소화된다는 점이다. 오늘날은 웹 서비스에 비용을 지출하지 않는 산업군이 없다. 하이브리드 방식 덕분에 기존에 이미 가지고 있는 웹 서비스 인프라에 약간의 추가 비용만 얹으면 앱 서비스도 가능하다는 장점으로 인해 취하게 된 전략이다.

그러나 이 방식에도 단점은 있다. 웹이 유연한 렌더링을 제공한다고 하더라도 앱 자원 특유의 매끄러움은 흉내 낼 수 없다. 특히 애니메이션과 블렌딩 효과들은 웹이 구현할 수 없다. 그 때문에 각 업체는 유지보수 비용을 감수하고 최대한 앱의 영역을 늘려서 퀄리티를 높일 것인가 혹은 비용을 최대한 줄이는 대신 사용성을 낮출 것인가를 끊임없이 고민한다.

융합하면 가능성이 열린다

앞서 서버 기술에 대한 기술적인 측면에 대해서 알아보았다. HTTP, 소켓 서버 기술과 그 서버 기술을 받아서 처리하는 클라이언트 측의 기술은 별도로 발전해가고 있다. 개발적인 측면에서 볼 때 이는 어느 한쪽으로의 의존성이 치중되는 현상을 최대한 억제하기 위해서다. 사용자 화면을 위한 구현 기술로서, 서버가 HTTP가 됐든 HTTP 소켓 NODE 서버가 됐든 소켓 서버가 됐든 동일한 하나의 소스로 사용할 수 있어야 비용이 최소화되기 때문이다. 서버와 화면의 VIEW 기술 간의 문제뿐만 아니라 각각의 클라이언트 환경에서도 마찬가지다. 아이폰이든 안드로이드든 혹은 윈도우 데스크톱이든 리눅스든 하나의 소스를 여러 환경에서 사용할 수 있어야 비용이 최소화되는 것은 당연하다.

　이 모든 접점을 고려해서 개발자들은 서버의 데이터 집중을 통해 JSON 포맷을 지원하는 REST[Representational State Transfer 2] HTTP 웹 서비스를 만들었고, 순수 HTML과 JS만을 이용한 클라이언트 웹 자원을 하이브리드 방식으로 모바일에 배포하는 식으로 응용했다. 그 결과 여러 은행과 증권, 공공 기관 앱들이 이 개발 방식을 채택했고 지금도 운영하고 있다. 한번 앱 마켓에서 국내의 유명한 은행들을 검색해 앱을 받아보라. 지금까지 설명한 기술들을 모두 확인할 수 있을 것이다.

이런 기술의 발전에는 비용 문제가 함께 따르는데 비용을 낮추는 데 성공하면, 그다음 단계로 발전이 일어나기 마련이다. 이 시대의 다음 발전 타깃은 IoT와 스마트 홈, 클라우드 서비스로 표현되는 가상화 그리고 빅데이터다.

우리는 모바일 시대를 지나오며 급속도로 변하는 네트워크 환경을 지켜보았다. 이는 사회적으로 우리 삶을 획기적으로 바꾸었다. 우리 손안의 인터넷은 대단히 섬세하고, 광범위하다. 사람들은 이제 구글과 애플이 익숙하고 게임과 인터넷에 충분히 적응했다. 기업도 변화 과정에서 발생한 대량의 모바일 트래픽을 학습했고, 그 학습의 결과로 관련 서비스를 봇물 터지듯 개발하고 있다.

사물인터넷이란, 말 그대로 해석하자면 사물이 인터넷을 한다는 의미이다. 이 설명만으로는 크게 와닿지 않을 것이다. 이것이 구현되는 원리를 따져보자.

IoT의 제품군 중 하나라고 소개된 스마트 화분에 관한 기사를

---

2 RESTful URL이라고부르는 도메인 정의방식이다. URL 경로를 정의할 때 http://www. xxx.com?test=111과 같은 방식이 일반적이지만, http://www.xxx.com/111/사용자11과 같은 방식의 URL로 디자인하는 것을 의미한다.

보았는가? 화분이 인터넷을 통해 서버로 데이터를 전송하고 서버에서는 미리 입력된 정보를 토대로 화분에 응답을 준다. 화분은 그 응답에 따라 적절히 물을 공급하거나 온도를 조절한다. 사물이 인터넷을 하는 상황을 아주 쉽게 응용한 사례다.

그렇다면 개발적인 측면에서 좀 더 분석해보자. 사물이 인터넷을 한다는 이야기는 결국 각각의 제품이 가진 기능(센서의 종류)을 제어하는 운영체제를 가진 마이크로 메모리가 부팅되어 이 센서와 통신을 하고, 그 결과를 인터넷으로 전송하기 위한 랜카드가 이 운영체제에 달려 있다는 뜻이다. 그리고 나머지 서버 측은 기존에 존재하던 HTTP 혹은 소켓 서버인 것이다. 이 구조가 가장 비용이 적게 들고, 효율적이기 때문에 IT의 융합은 이렇게 확장된다. 사물인터넷의 핵심은 센서, 센서와 통신하는 운영체제 메모리, 조그마한 랜카드다. 별거 아니라는 생각이 드는가?

날아라, 드론

그럼 기존의 다양한 서버, 클라이언트 기술들이 센서나 드론과 같은 기계들과 융합되는지 개발자 측면에서 바라보자. 이런 첨단 기술의 향연에서도 본질적인 부분은 변하지 않는다. 서버 기술과 클라이언트 기술이 그 본질이다. 동작 인식 센서와 온습도 센서, 자이로스코프 센서를 가진 무인 비행기 드론이 어떻게 네트워크 랜카드를 통해

　　　　　　　　　　　　　　　IT 개발자의 거의 모든 것

서버와 데이터를 주고받으며 기술 구현을 하고 어떻게 상업적으로 쓰이는지 분석해보자.

　기본적으로 하드웨어 제조사는 여러 하드웨어 벤더와 협업하고 있다. 우선 드론이 날기 위한 하드웨어 구성을 하는 것이 먼저다. 이를 위해 기존에 존재하던 사업자들이 딱 하드웨어 기술만으로 단순히 날기만 하는 하드웨어를 개발했다고 하자. 이제 이 드론에 초소형 컴퓨터를 장착한다. 이 컴퓨터는 더 작아질 수 있지만 인터넷에 '라즈베리 파이Raspberry Pi'라고 검색하면 나오는 교육용 리눅스 컴퓨터 정도면 충분하다. 손바닥만 한 이 컴퓨터는 USB, 랜카드, 마이크로 SD 카드를 장착 가능하고 센서를 부착할 수 있는 기판이 달려 있다.

　마이크로 SD 카드에 리눅스 운영체제를 설치하고 드론 하드웨어에 부착한 후 각종 드론의 센서를 이 라즈베리 파이에 연결한다. 전원은 드론이 날 때 필요한 배터리에서 끌어온다. 일반 핸드폰 5핀 1A 전원이면 이 컴퓨터가 작동하는 데 충분하다. 이제 이 컴퓨터는 인터넷에 연결돼야 한다. USB에 무선 인터넷 동글이를 끼우면 간단하게 무선 인터넷이 가능해진다. 이 컴퓨터에 설치된 리눅스는 운영체제이기 때문에 여러 가지 프로그램이 구동될 수 있다. 이 운영체제에 HTTP 서버를 구축한다. 몇 가지 기능을 가진 아파치 톰캣Apache Tomcat 웹 서비스면 될 듯하다. 이 드론에 연결된 온습도와 자이로스코프 센서 등이 드론의 균형과 상태를 점검한다. 이런 센서들은 시리얼 포트를 통해 운영체제로 데이터를 전달하고 웹 서비스에서 이 데이터를 취합하여 자신의 데이터베이스 등에 저장하게 된다. 사용자는 리모컨 등의 적외선 센서 혹은 HTTP 통신 리모컨으로 드론에 HTTP 통신을 요청하면 드론의 HTTP 서버는 이 요청을 받아서 균형을 조정하거나 이동하는 장치를 가동하게 된다.

이렇게 드론 하드웨어, 운영체제와 인터넷, 센서가 조합되니 이제 지구 반대편에서도 제어 가능한 원격 드론이 탄생했다. 그뿐만이 아니다. 기존 드론이 수행하지 못하는 복잡한 좌표로의 이동과 수많은 데이터를 입출력할 수 있는 서버가 내장됐기 때문에 이제 입력하는 로직에 따라 수많은 일을 할 수 있게 됐다. 이미 아마존에서는 이 무인 드론이 인터넷을 통해 데이터를 적재하고 그 데이터를 기반으로 택배 사업을 효과적으로 수행하는 서비스를 내놓은 바 있다. 아마도 실질적인 제품 개발 때는 이 부품들로 구성하지 않을 것이다. 비용이 너무 비싸기 때문이다. 이보다 훨씬 경량화된 임베디드 칩셋 하나와 몇 가지 센서들로 구성할 것이다. 하지만 기본적인 구성 원리는 크게 다르지 않다.

이렇게 발전하는 사물인터넷 사업은 통신사들에도 새로운 기회를 열어준다. 이런 IoT 제품들이 쏟아져 나오면 자연스럽게 통신사의 트래픽이 증가한다. 이미 네트워크 트래픽으로 엄청난 매출을 올리고 있는 통신사들은 이 IoT 사업에 집중할 수밖에 없다. 그와 동시에 최근 통신사들은 스마트 홈 서비스도 앞다투어 출시하고 있다. 이미 IoT의 센서 사업을 수행하는 국내 업체도 많아졌다. 하지만 아직 IoT 사업은 파괴력 있는 서비스로 자리 잡지는 못했다. 소비자의 지갑을 열 킬러 콘텐츠를 가진 사업군이 나타나지 않았기 때문이다.

IT 개발자의 거의 모든 것

개발자라면 인공지능과 친해질 것

필자는 2013년 영화 〈그녀Her〉를 보고 커다란 충격을 받았다. 영화가 표현한 인공지능 운영체제의 연출이 매우 흥미로웠기 때문이다. 영화에서 인공지능 운영체제인 사만다는 뛰어난 감정표현을 하며 주인공인 테오도르와 사랑을 나누는 듯한 대화까지 나눈다. 영화는 그런 대화들이 프로그래밍된 컴퓨터의 단순한 텍스트 출력인지 혹은 자아의 발현에 따른 진짜 사랑인지에 대해 끊임없이 질문한다.

영화 〈그녀〉에서 사만다는 인간의 감정까지 컨트롤하는 대화를 수행한다. 이를 단순히 영화의 극적인 연출로만 보지 않고 프로그래밍적인 알고리즘으로 분석해보면 그것이 가상의 이야기가 아님을 알 수 있다. 영화에서 사만다는 자신이 지금도 계속 변화하고 있다는 말을 자주 한다. 이는 인공지능에서 기계학습machine learning에 해당한다.

인공지능을 구성하는 요소는 이외에도 전문가 시스템, 퍼지 이론, 인공신경망, 유전자 알고리즘 등 매우 다양하다. 이 이론들은 하나의 인공지능을 구현하기 위해 모두 필요한 분야들인데 어렵게 생각할 필요 없이 순서대로 인간이기에 표현 가능한 상식, 뜨거움이나 미지근함을 판단하는 애매모호함, 인간의 미적 영역을 뇌에 저장하는 압축 원리, 인간의 진화를 운영체제에 적용하기 위한 실험으로 이해하면 된다. 각 분야는 방대한 학문적 영역을 다루기 때문에 이 글에서는 핵심적인 부분만 짚고 넘어가도록 하겠다. 인공지능에 관심이 있는 독자가 있다면 해당 분야에 대해 좀 더 자세히 공부하는 걸 추천한다. 매우 재미있는 사실을 많이 발견할 수 있을 것이다.

전문가 시스템

전문가 시스템experts system은 인간이 쌓아온 전문가적인 지식을 컴퓨터가 활용할 수 있는 빅데이터 집합으로 정제한 것을 의미한다. 예를 들어 영화 〈아이언맨〉에 등장하는 인공지능 운영체제 자비스는 굉장히 전문적인 지식을 빠르게 분석하고 알려준다. 이런 작용은 바로 이 전문가 시스템의 방대한 데이터양 덕분에 가능하다. 영화에 나오는 자비스 운영체제는 기능이 다양하고 감정 표현도 가능하다. 심지어 강력한 지도 기능까지 갖춘 것도 볼 수 있다.

극중 자비스는 전문적인 지도 데이터를 기반으로 사용자가 원하는 데이터만을 필터해서 지도상에 표현해주며 자유자재로 확대, 축소, 회전까지 수행한다. 아주 자세한 데이터 집합인 지역 지도 데이터가 없다면 이런 굉장한 표현을 수행할 수 없을 것이다.

전문가 시스템에서 다루는 지식은 단순히 전문적인 데이터만을 의미하지 않는다. 한때 인기를 끌었던 '심심이'라는 챗봇은 전문가 시스템의 일부를 흉내 낸 것이라고 할 수 있다. 수많은 사람들이 던지는 방대한 양의 질문에 대한 답변을 미리 적재해두고 해당 질문이 들어오면 앵무새처럼 반복하는 심심이가 바로 이런 시스템을 활용한 인공지능 챗봇이다. 그렇기 때문에 질문의 형태가 조금만 바뀌어도 대화의 맥락을 이해하지 못하고 동문서답을 하는 것이다.

IT 개발자의 거의 모든 것

퍼지논리

보통 아날로그 감성이라고 부르는 인간의 영역은 0과 1로 딱 부러지게 나뉘는 디지털 환경과는 다르다. 이를 설명하기 위해 나온 것이 퍼지논리Fuzzy Logic다. 컴퓨터에게 달콤한 음식을 인식시킨다면 매우 낯선 단어로 인식할 듯하다. 하지만 "당도가 6.5입니다"라는 말은 아마 쉽게 알아들을 수 있을 것이다.

우리가 사는 세상은 1과 0, 혹은 흑과 백 같이 딱딱 구분해서 묘사하거나 인식할 수 없는 애매모호한 것(이른바 퍼지fuzzy)들로 구성되어 있다. 하지만 인간이 느끼는 애매모호한 영역을 디지털로 범위화해서 더 부드럽게 가다듬으면 컴퓨터도 '달다'라는 의미를 이해할 수 있을 것이다. 6~12 정도를 '달다', 13 이상은 '아주 달다'라고 저장하면 될 것이다. 이런 규칙을 더 확장하여 0과 1 사이에 수많은 선택지가 존재하는 것을 인정하면 이것을 집합이란 개념으로 두루뭉술하게 판단하도록 다듬는 것이 가능하다. 한 명이 "달다"고 하는 기준은 주관적이지만 천 명의 의견이 모이면 그 집합은 객관적이라고 볼 수 있는 것과 같다. 이 이론을 전문가 시스템과 적절히 배합하면 인간적인 전문가가 나올 수 있을 것이다.

기계학습

기계학습Machine Learning은 말 그대로 컴퓨터가 스스로 학습하는 시스템이다. 어린아이가 세상을 알아가는 것과 비슷하다고 생각하면 된다. 기계학습 시스템은 쉽게 말해 인간의 오감과 같은 역할을 하는 센서 기반의 정보를 정형화해서 데이터화한 것이다. 하지만 인간과 같은 수준으로 기계학습을 수행하는 데까지는 아직 기술력이 이르지 못하기 때문에 가장 중요한 정보인 시각 정보를 중심으로 학습이 이루어지고 있다. 그래서 오늘날 기계학습의 가장 큰 화두는 시각 정보의 처리이다. 세계의 수많은 대학과 연구자들은 인공지능의 시각 정보를 통한 기계학습에 큰 공을 들이고 있다. 인간의 시각이 감각기관 중 가장 중요하면서도 많은 정보를 담당하기 때문이다. 일반적인 단순 정보들, 즉 "사과는 빨갛다", "바늘은 날카롭다"와 같이 판별이 쉬운 정보들은 기계의 시각에 해당하는 카메라에 포착된 이미지를 통해 정보로 생성하며 활자는 텍스트 그대로 인식하여 정보로 저장한다. 가장 쉽게 대량의 정보를 획득할 수 있는 컴퓨터의 활자(텍스트)를 이용하면, 일차원적인 일을 수행하는 것이 가능해진다. 예를 들면, 메일함에서 스팸을 걸러내는 정도가 이에 해당한다. 그러나 특정 사진을 보고 "자전거가 빠르게 도로를 질주하고 있다"를 판별해 내는 것은 훨씬 고차원적이고 자원이 많이 드는 기술이다. 이를 딥러닝Deep Learning이라 부른다. 이와 관련한 수많은 연구가 진행 중이다.

인공신경망

인공신경망Artificial Neural Network은 인간의 뉴런구조를 컴퓨터 연산 알고리즘에 적용해 컴퓨터의 심층적인 인지와 판단이 가능하도록 하는 일종의 알고리즘이라 할 수 있다. 예를 들어 기계학습을 통해 들어온

IT 개발자의 거의 모든 것

이미지를 일반적인 방법으로 분석하게 되면, 각 픽셀의 색상을 모두 읽어 들이고 이 색상의 조합이 기존에 입력된 적이 있는지를 일일이 검색하며 찾아야 하는데, 이런 식으로는 사진을 보고 어떤 이미지인지를 판단할 수 없다. 이런 방식이 아니라 이 이미지 픽셀의 대략적인 경계를 찾아내고 모양과 색상을 분류한 후 부분별 정보를 인공신경망 조직 알고리즘이 적용된 수많은 컴퓨터 혹은 CPU(각각을 노드라고 하겠다)에 흩뿌리듯이 흘려야 한다. 그러면 각 노드는 해당 정보의 가중치를 합산하여 다른 노드와 결과값을 주고받는다. 이런 가중 정보들이 충분히 합산되면 처음에 입력된 이미지와 가장 근접한 결과물이 나오게 된다. 예를 들어 잔디밭 위에 놓인 골프공을 노드에 흘리면 하얀 탁구공(96%), 하얀 골프공(85%), 흰 달걀(82%), 흰 떡(60%) 식으로 결과가 도출되는 것을 의미한다. 이때 좀 더 근접해서 골프공의 오목한 부분들이 노출되고 올바른 인공신경망과 기계학습이 적용됐을 경우, 하얀 골프공(99%), 하얀 탁구공(85%), 흰 달걀(52%), 흰 떡(30%) 순으로 분석이 이루어진다.

유전자 알고리즘

유전자 알고리즘Genetic Algorithm [3]은 스스로 진화하는 연산체계라는 느

....

3 유전자 알고리즘은 자연 세계의 진화과정에 기초한 계산모델로서 존 홀랜드John Holland 에 의해서 1975년에 개발된 전역 최적화 기법으로, 최적화 문제를 해결하는 기법의 하나이다. 생물의 진화를 모방한 진화 연산의 대표적인 기법으로, 실제 진화의 과정에서 많은 부분을 차용하였다.

낌이 강하다. 위에서 살펴본 전문가 시스템, 기계학습, 퍼지이론, 인공신경망에서는 정적인 느낌을 받았을 것이다. 그래서 위의 시스템은 아무리 정교하게 잘 만든다고 해도 시간이 흐르면 금세 구식이 되어버린다. 인공지능의 경우, 인간을 목표로 한다면 위의 구현물만으로는 결코 인간에 도달할 수 없다. 인간은 진화하는 존재이기 때문이다.

그렇다면 어떻게 하면 컴퓨터도 성장할 수 있을까? 그것을 연구하는 분야가 바로 이 유전자 알고리즘이다. 위에서 살펴보았던 데이터 분석을 위한 인공신경망을 예로 들어보자. 인공신경망 알고리즘이 적용된 인공지능이 택배 직원의 택배 동선을 분석해냈다. 아마도 위치 정보를 기반으로 동선을 단순 연결했을 것이다. 이때 프로그래머가 새로운 분석 방식을 다시 프로그래밍하여 인공지능에 적용하지 않으면 아마도 이 시스템은 수십 년간 비효율적인 동선으로 길 안내를 할 것이다. 하지만 유전자 알고리즘은 별도의 시스템(기계학습)에서 비용, 시간, 인력 등을 지속적으로 가중 판단하여 비효율적인 지점을 찾아내고 그 비효율 영역을 자동으로 기존 시스템에 부가적인 판단 정보로 주입한다. 그러면 그 시스템은 최소한의 자원으로 최대한의 효율적인 판단을 스스로 적용하고 진화하게 된다. 이때 프로그래밍의 화두는 진화 요소를 스스로 자신의 시스템에 패치할 수 있는가이다.

최근 비중 있는 이슈로 떠오른 인공지능의 중요한 요소들을 짧게 알아보았다. 사실 로봇이라는 물리적인 구현을 염두에 둔다면 훨

IT 개발자의 거의 모든 것

썬 많은 학문적 지식이 필요할 것이다. 그러나 우리가 흔히 떠올리는 사용자의 말을 알아듣고 특정 기능들을 자연스럽게 수행해주는 인공지능 비서가 목표라면 사용자의 언어를 기계가 받아들일 수 있는 정보로 변환하는 자연어 처리 시스템과 전문가 시스템 정도로 구현할 수 있다. 여기에 '적당히'라는 표현처럼 애매한 표현을 구체적인 수치로 변환하는 퍼지이론을 적용하고 알고리즘화하면 현대에 조금씩 제품화되고 있는 애플 시리나 통신사의 음성인식 비서 수준의 결과물이 가능해지는 것이다. 영화 속 사만다 수준의 유려한 인공지능 구현은 아직 갈 길이 멀어 보이지만 사용자의 말을 알아듣고 특정 기능을 수행하는 정도의 인공지능 구현물만으로도 직업 패러다임은 크게 변화할 것이다.

대화가 가능한 인공지능이 가장 먼저 진출할 분야는 아무래도 콜센터로 보인다. 또 사용자의 일정이나 업무 보조를 위한 비서 역할 역시 인공지능이 대체하게 될 것이다. 인공지능은 인지를 통해 정보를 가공할 때는 특정 언어(한국어나 영어 따위)에 종속되지 않는다. 정보를 해독하고, 판단한 결과를 외부 정보로 변환할 때는 특정 언어로 변환하여 표현할 수 있게 된다. 예를 들어보자.

한국의 프로그래머가 자바라는 언어로 카메라가 인지한 이미지를 분석하여 서울시 종로구에 ○○ 호텔이 있음을 정보로 저장했다고 하자. 그럼 컴퓨터는 해당 정보를 다음처럼 자세히 분석하여 데이터로 저장할 것이다.

대상 : 호텔

이름 : 센터마크

위치 : 서울특별시 종로구 인사동5길 38 (관훈동, 관훈빌딩, 센터마크호텔)

출처 : 전자동 IP Camera 101

한국에서 최초로 만든 시스템에서는 이를 통해 "서울 종로구에 센터
마크 호텔이 존재합니다. 상세한 위치를 네비게이션에 마크할까요?"
라고 인공지능이 사용자의 말에 대답할 수 있게 된다. 한국에서 작성
된 정보를 영문으로 변경하는 것은 어렵지 않다. 아마도 해당 데이터
를 분석하고 저장할 때 프로그래머는 다음처럼 영문과 함께 저장했
을 것이다.

Target : hotel

Name : center mark

Location : 38, Insadong 5-gil, Jongno-gu, Seoul, Republic of
Korea

Ref : Automatic IP Camera 101

원천 데이터만 있다면 이를 영문 문법에 맞춰서 대답하는 것은 어렵
지 않다. 이런 현상은 통역사의 종말을 의미한다. 그에 따라 당연히
번역가 또한 위태로울 수 있다. 이는 언어에 대한 음성인식 인공지능
개발만으로 찾아올 수 있는 변화들이다.

IT 개발자의 거의 모든 것

여기에 더해 시각에 대한 인공지능 인지 모듈에 대한 발전도 꾸준히 일어나고 있다. 인간의 시각에 해당하는 인지는 카메라 모듈이 담당한다. 그 결과물은 이미지 혹은 동영상인데, 동영상은 이미지의 연속된 흐름이기 때문에 결국 이미지 분석 하나만으로 인간의 시각 정보의 인지 영역은 마무리 지을 수 있다. 이미 구글과 페이스북은 이미지에 대한 이미지 분석 모듈을 자신들의 검색 서비스나 사진 서비스에 활용하고 있다. 페이스북은 컴퓨터가 업로드된 이미지를 분석하고 상황을 판단하여 설명하는 시연을 한 바 있다. 재미있는 사실은 위의 인공신경망 예시에 나온 골프공 분석이 사실 페이스북에서 실제로 시연한 내용이라는 것이다. 그때 사진상의 멀리 있는 골프공을 탁구공으로 착각하는 오류도 보여주었는데, 오히려 더욱 인간과 같은 판단을 보여준 일화이기도 하다. 이런 시각 모듈은 인간이 수행하기에 지루한 일 중 하나인 경비 업무를 자동화하여 효율적으로 수행할 수 있다. 이 사실은 이제 CCTV가 단순히 영상을 촬영하는 도구가 아님을 암시한다. 어찌 보면 우리는 더욱 무서운 세상을 살아가게 될 것 같다. 심지어 아이폰 X와 함께 세상에 나온 3D 페이스 아이디 기술은 컴퓨터가 인간의 시각 정보보다 훨씬 뛰어난 기능을 가질 것을 암시한다. 이제 이런 3D 모델링 스캔 기술로 주변을 2D가 아닌 3D 공간으로 인지하게 된 컴퓨터는 인간보다 훨씬 정교한 충돌 검사와 거리 감각을 소유하게 됐다.

인공지능이 더욱 강력한 위력을 발휘하는 부분은 인간의 보조 도구로의 진화이다. 인간이 컴퓨터를 조작하거나 회사의 업무를 수행할 때 사용하는 업무 보조 도구로서의 인공지능은 그간의 업무 효율을 극적으로 높인다. 제한적인 판단 지령을 이용한 인공지능 업무 보조는 사용자의 지루한 소모 작업을 대폭 줄여준다. 예를 들어 "어제 작성했던 PPT 문서 목록을 열어줘", "결재 보고까지 올라갔던 문서 중 신약에 대한 단어를 포함하는 문서 좀 찾아줘"와 같은 사람이 하기 힘든 업무 보조까지 빠른 속도로 수행해준다. 인공지능이 극적으로 발전하면 이제 인간은 키보드와 마우스에 작별을 고할 수도 있을 것이다.

인공지능이 정말 이 정도 수준까지 와 있는가라고 물으면 멀지 않았다고 대답할 수 있다. 컴퓨터의 인지력을 높이기 위한 이미지 프로세싱과 센서 네트워크는 IoT를 만나며 훨씬 광범위해졌고 언어 정보를 흡수해 정보를 인식하는 기계학습은 빅데이터를 만나며 엄청나게 정교해졌다. 완전한 로봇을 위한 첫 번째 관문인 음성인식 비서의 결과물은 여러분이 제품으로 쉽게 만나볼 수 있을 만큼 성큼 다가와 있다.

물건이 점점 똑똑해진다

요즘은 스마트란 말이 흔해졌다. 스마트 화분, 스마트 책상, 스마트 물병, 스마트 홈까지. SF에서나 볼 법한 유비쿼터스 시대가 성큼 다가온 탓이다. 스마트 시스템이 IoT를 등에 업고 생활 속으로 침투하고 있다. 수만 가지 색상을 조정할 수 있고, 시간 조절도 되며 다른 기기와 연동도 되는 스마트 전등을 검색해보라. 이런 제품들도 개발 자적인 생각으로 분석할 수 있는가? 결국 스마트 홈의 핵심은 오만 가지 가전제품들이 모두 서버를 내장하고 있고 이 마이크로 서버들이 통신하는 중앙 서버에서 이 모든 제품을 세밀하게 조정하는 서버 투서버Server to Server 연동 시스템이다.

과거에는 서버라고 하면 어떤 센터에 집중적으로 모여 있는 거대한 컴퓨터실을 상상했다면, 이제는 그 이미지가 많이 바뀌었다. 웹과 모바일을 넘나들고 IoT로 세밀화된 마이크로 서버의 핵심 기술은 동일하지만, 그 기술의 방향성대로 서버가 처리하는 데이터는 뷰를 최대한 배제한 경량화된 JSON 데이터 포맷으로 구성된다. 그리고 그 내부는 안전한 웹 스프링 프레임워크를 이용한 심플한 REST 서버로 구성한다. 혹은 C언어를 이용한 소켓 서버를 구성할 수도 있다. 이 서버는 시대가 요구하는 가장 효율적인 서비스 구성 중 하나다.

이제 기본적인 스마트 홈에 대한 인프라 기반이 거의 확립됐다. 미래에 등장할 새로운 서비스들이 예상되는가? 아마 스마트한 장비들을 판매하는 업체가 많아지고 점차 일반 제품들은 사라져갈 것이다. 서버가 설치되는 초소형 컴퓨터는 지금도 아기 손바닥만 하지만 앞으로는 손톱만큼 작아질 것이며, 이 제품들의 표준화가 진행되어 사용자가 별다른 조작 없이 제품을 켜기만 해도 IoT 스마트 홈에서 자동 인식할 것이다. 이제 머지않아 구현될 스마트 유비쿼터스 시대에 사는 A의 생활을 잠시 예로 들어보자.

A는 새롭게 지은 스마트 아파트에 입주한 지 한 달이 됐다. 이제는 자동으로 온습도가 조절되는 냉난방 시스템이 익숙하다. 자동 설정된 기능에서 더 건드릴 것도, 신경 쓸 것도 없다. 날씨가 조금 쌀쌀하지만 집에 들어오면 항상 포근하다. A가 집에 오는 것을 스마트폰이 인식하고 미리미리 예열을 해두기 때문이다. 이런 시스템의 혜택을 받고 있음에도 난방비가 딱히 더 많이 나오지 않는 것이 가장 맘에 든다.

드론이 아파트 옥상으로 배송해준 식자재가 끼니별로 포장되어 A의 방과 연결된 배송구에 도착해 있다. 미리 스마트 택배 시스템에 신청했던 일주일 식사 메뉴대로 온 것이다. 언제부터 먹고 사는 일이 이렇게 편리했나 싶다. 스마트 전자레인지에 달걀을 까서 올려두면 간단한 샐러드를 만드는 동안 달걀이 A가 미리 세팅해둔 만큼 익는다. 스마트 레인지 전용 프라이팬을 이용하면 음식의 종류와 영양을 판단해 블루투스가 켜진 핸드폰에 자동으로 기록된다. A는 건강에 대해 잔소리하는 핸드폰이 좀 귀찮긴 하다.

간단히 아침 식사를 하고 나갈 준비를 마친다. A는 자신이 손끝으로 전등 버튼을 찾고 있다는 걸 문득 깨닫는다. 이 스마트 아파트는 모든 조명이 A의 위치와 음성으로 자동 조절된다는 것을 잊고 더듬거리기 일쑤다. 문을 닫을 때도 열쇠 따위는 필요 없다. 그냥 A가 오면 문이 열리고 A가 나가면 문이 잠긴다. A가 문을 나서기 전에 엘리베이터도 이미 작동을 시작한다. 그냥 몸만 움직일 뿐인데 주변의 모든 것이 영리하게 A의 보조를 맞추는 게 가끔은 무섭기도 하다.

요즘은 자동 운전 기능이 발전해서 운전대를 잡을 일이 별로 없다. 자동 모드로 운전대가 쓰윽 들어가고 나면 스마트폰과 연동된 자동차 디스플레이가 나타난다. A는 신문을 보거나 동영상을 보며 회사에 도착할 때까지 기다린다. 목적지에 도착하자 자동 운전 모드의 자동차는 A를 회사 정문 앞에 내려주고 사내 주차장으로 들어가서 주차를 한다. 처음에는 신기해서 유심히 봤는데 좀 느릿느릿하고 영민하지 못하기는 하다. 하지만 무슨 상관인가. 결과적으로 주차는 늘 완벽하다.

퇴근하고 집으로 돌아오면 언제나처럼 집은 포근하고 편안하다. 이사 올 때 옵션으로 포함되어 있던 스마트 옷장도 무척 마음에 든다. 입던 옷을 옷걸이에 걸고 문을 닫으면 옷의 냄새를 제거해주고 온습도를 유지하여 옷 상태를 관리해준다. 오염이 심할 경우 약간의 스팀 세척 기능도 사용한다.

오늘은 손님이 올 예정이다. 그래서 손님에게 미리 생체 인증 토큰을 스마트폰으로 전송했다. 손님도 내 집처럼 편하게 들어올 수 있도록 해준 것이다. 도착해 있는 식자재를 꺼내 스마트 레인지에서 손님에게 대접할 요리를 시작한다. 스마트 레인지 상단에는 A가 하는 요리에 맞추어서 실시간으로 동영상이 나오고 있다. A는 이 동영상을 따라 똑같이 재료를 넣기만 하면 된다. 스마트 냄비와 스마트 레인지 동영상이 연동되어 요리 순서와 타이밍이 실시간으로 게임처럼 표시되는 점이 참 재미있다. 음식을 담은 그릇들은 식사 후에 자동으로 세척을 해준다.

손님과 식사를 마치고 소파에 앉으면 조명이 은은하게 변경된다. 잠시 이야기를 나누다가 영화를 보기로 한다. 소파 팔걸이의 터치 패널에서 영화를 선택하면 TV가 켜지고 조명과 소리, 디스플레이 모드도 영화에 맞게 변경된다. 똑똑하게도 냉장고와 세탁기가 자동으로 저소음 모드로 변경되고 주위가 고요해진다.

A의 이야기는 먼 미래를 배경으로 한 SF 영화 이야기가 아니다. 이미 해당 제품들이 샤오미, 삼성, LG 등의 기업에서 출시되고 있다. 곧 건설업계까지 이러한 기술들이 영향을 미치기 시작할 것이다. 무인 자동차는 구글이 야심 차게 준비하고 있다고 한다. 스마트 홈 서비스에 기업들은 2016년부터 뛰어들었는데, 점차 기업들의 본격적인 격전이 펼쳐질 전망이다. 위의 기술들의 핵심은 앞에서 설명한 바 있는 마이크로 스마트 기술이 장착된 사물들의 자체 서버 간의 연동이다.

빅데이터가 주도하는 세상

빅데이터는 IoT의 센서 데이터가 대량 생산되고 대량 소비되는 미래 사회에 진정한 힘을 발휘할 것이다. 지금 빅데이터라고 부르는 분야는 딱히 새로울 것이 없다. 대량으로 쌓여 있는 과거의 데이터를 의

IT 개발자의 거의 모든 것

미 있는 총합으로 둔갑시키는 다분히 영업적인 기능을 하고 있다. 이러한 작업은 기존에도 존재하던 고객관리 시스템CRM에서 오래전부터 하던 일이다. 수년간 축적된 개개인의 서비스 활용 현황을 대량으로 분석하고 정밀하게 분류하여 영업에 활용해왔다. 빅데이터라고 칭할 수 있는 데이터가 센서에 힘입어 마이크로 데이터까지 확장되자 그 가능성을 높게 산 업계들의 기대감이 부풀고 있다. 하지만 센서와 같은 사물 데이터들이 이제 막 등장했기 때문에 아직은 그 영향력이 그다지 크지 않다. 센서 데이터가 충분히 쌓이기 시작하면 상황은 달라질 것이다.

센서의 온도 정보는 단순한 숫자에 불과하다. 특히 특정 위치의 온도 센서값은 아주 별 볼 일 없는 데이터로 보인다. 하지만 이 온도 센서가 특정 지역에 100만 개 가까이 흩뿌려지고, IoT 시스템으로 통합 관리되는 데이터가 10년 가까이 쌓이면 대단히 의미 있는 데이터가 될 것이다. 특정 지역의 10년간 온도 변화와 시간대별 온도의 변화, 그리고 그에 따른 사회적인 교통 상황이나 인구의 이동 경로 등이 결합되면 대단히 의미 있는 데이터 집합으로 변하는 것이다. 보잘것없어 보이는 센싱 데이터가 IoT화를 통해 유의미한 축적 단위가 됐을 때 비로소 우리 산업에 커다란 충격을 줄 것이다. 결국 IoT로 조밀하게 구성된 스마트 센서 시스템이 오랜 시간 축적한 데이터가 빅데이터와 결합해 우리 사회를 유동적인 주체들로 바꾸어놓을 것이다.

자동차로 예를 들어 보자. 자동차는 지금도 수많은 센서 덩어리다. 이제 자동차에 IoT 시스템이 적용되면 도로에 있는 수많은 자동차들은 스마트한 관제 시스템에 따라 스스로 상황을 진단하고 진단 결과를 서버로 전송하게 될 것이다. 서버는 해당 자동차가 교통 상황에 미칠 수 있는 영향을 실시간으로 계산하여 다시 그 주변의 자동차에 전달할 수 있게 될 것이다. IoT 시스템을 통해 관리되는 자동차의 수많은 데이터가 축적되면 도로 위의 수많은 자동차가 하나의 생물처럼 유기적으로 움직이는 데 필요한 교통 체증 알고리즘이 가능해질 것이고, 사고를 정교하게 예상하는 사고 방지 시스템이 나타날 것이다.

이런 센싱의 대상은 사물에만 해당되지 않는다. 우리는 이미 사람의 생체 센서 적용을 통해 웨어러블과 피트니스에 활용하는 시대를 살고 있다. 영화 〈마이너리티 리포트〉의 범죄 예방 시스템이 가능한 시대가 오고 있는 것이다.

개발자는 상상을 현실로 만든다

———

지금까지 살펴본 다양한 신기술들은 불과 몇 년 사이에 뜨겁게 끓어오르면서 이슈화가 되었다. 여기에 블록체인 기술도 또 다시 뜨거운 감자가 되어 업계를 달구고 있다. 앞으로도 신기술은 속속히 쏟아져 나올 것이다. 또한 기술이 더욱 고도화되어 개발자의 수요가 늘어나면 개발직종에 몸담은 이들에게 훨씬 큰 기회가 올 것으로 예상된다. 이 책에서 여러 가지 신기술의 발전상에 대해 논한 것은 그저 독자들의 흥미를 돋우기 위해 가볍게 꺼낸 이야기들이 아니다. 개발자로 성장할 독자들이 미래 IT에 대한 확신을 갖도록 하기 위해 예를 든 것이다. 나와는 상관없는 기술일 것이라는 생각을 버리기 바란다.

이런 신기술들은 우리가 흔히 공부하는 것과는 다른 생소한 언어로 개발되며 신기한 툴로 점철된 환경에서만 개발 가능할 거라 생각할 수도 있다. 하지만 앞서 설명한 수많은 기술은 결국 기존의 기술들을 적절히 조합하거나 새로운 환경에 편입시키면서 확장된 시스템일 뿐이다. 그러니 어렵게 생각하지 말자.

세상의 시스템은 데이터 관리를 위한 HTTP 서버 혹은 소켓 서버와 클라이언트 툴로 나누어 생각하면 된다. 클라이언트 환경이 매우 다양하다고 생각하는가? 클라이언트는 안드로이드나 아이폰, 혹은 좀 더 쉬운 개발을 위해 HTML 웹 언어를 모바일에 욱여넣은 하이브리드 앱, 순수 모바일 네이티브를 개발하기 위한 자바 언어 혹은 아이폰의 오브젝티브 C언어, TV에 심어지는 셋탑 앱과 스크립트 기반의 웹 앱, MS 계열의 플랫폼을 위한 비주얼 스튜디오 환경, 혹은 전용 개발 툴 정도가 전부다. 이것도 많다고 느껴지는가? 다 잘할 필요는 없다. 프로그래밍이 어느 수준까지 올라가면 환경은 문제가 되지 않는다. 그저 자신이 주력으로 선택한 언어를 열심히 하면 된다. 세상에 존재하는 많은 개발자들은 기계가 대체할 수 없다. 그 기계조차 개발자가 만드는 것이기 때문이다.

상상하는 모든 것이 현실이 되는 세상. 개발자가 있기에 가능한 세상이다.

행복한 개발자를 꿈꾸다

지금까지 우리나라 IT의 전반적인 부분들에 대해 살펴보았다. 프로그래머라는 직업에도 수많은 직종이 존재하기 때문에 이 책에서 IT 개발 분야의 모든 부분을 완벽하게 다루는 것은 불가능했다. 그래도 개발자 초입에 서 있는 사람들이 막연히 프로그래머가 되어야겠다는 마음을 가지고 책을 펼쳐 들었을 때, 이 책이 막막한 마음을 조금이라도 해소해줄 수 있기를 바란다.

소프트웨어 개발자는 행복해질 수 있는 직업이다. 자신의 손으로 자신의 꿈을 직접 조각하는 기술을 다루는 사람이 바로 개발자이기 때문이다. 또 자신이 아닌 타인의 꿈을 도와주는 데에도 최적화된 직업이다. 장소에 구애받지도 않는다. 노트북 한 대만 있으면 지구 반대편에 가서도 자신의 꿈을 펼칠 수 있다. 호기심이 많은 사람이라면 이 직업만큼 재미있는 일이 없을 것이다.

마크 저커버그가 하버드대학에 재학중일 때, 학생들을 연결해 줄 목적으로 만든 프로그램이 지금 전 세계 사람들이 즐겨 사용하는 페이스북 소셜 네트워크로 발전했다. 그 당시 마크 저커버그는 시간이 어떻게 가는지도 모르고 밤늦게까지 코딩을 했다고 한다. 밤새 코딩을 하며 서비스를 만드는 일은 그에게 그 무엇보다 재미있고 흥분되는 놀이였을 것이다.

현재 우리나라 직장인의 삶은 결코 호락호락하지 않다. 젊은 사람들이 우리 사회를 헬조선으로 인식하는 현상은 결코 우연히 생겨난 것이 아니다. 수없이 쌓인 사회적인 분노의 원인은 단 하나이다. 행복하고 싶지만 지금 너무 불행하고 앞으로도 불행할 거라는 자기 확신이 팽배해 있기 때문이다.

하지만 우리나라는 변하고 있다. 앞선 시대가 너도나도 빚을 내서 얻은 주식, 부동산으로 불로소득을 기대했던 시대였다면 이제 열심히 일해서 재화를 얻을 수밖에 없는 노동의 시대로 회귀할 것이다. "일을 해서 돈을 번다"는 단순한 진리가 빛나는 시대가 왔을 때, 노동력 중에서도 현대사회의 최전선에서 가장 고급 인력으로 평가받는 IT 소프트웨어 개발자가 그 누구보다 가치 있게 여겨질 거라고 예상해본다.

이 책에서 소프트웨어 개발자로서 겪을 수 있는 많은 어려움에 대해서도 살펴보았다. 아마 현재 직장에서 어려움을 겪고 있는 개발자들도 많을 것이다. 하지만 그 난관에 굴하지 않고 자신의 한계를 뛰어넘고, 끊임없이 자유 시간을 쟁취해 특별한 잉여력을 발산하는 자유로운 개발자들이 우리나라에 많이 생겨났으면 한다. 그리고 노동력을 진심으로 귀하게 여기는 시대가 오면 돈과 명예를 모두 얻는 행복한 슈퍼 개발자로 성장하는 여러분이 되기를 기원한다.

IT 개발자의 거의 모든 것

개발자를 꿈꾸는 개발자로 일하는 개발자와 일하는
모든 이를 위한 실용 지침서

IT 개발자의 거의 모든 것

초판 1쇄 발행 2019년 6월 10일

지은이 이병덕
펴낸이 성의현
펴낸곳 미래의창

책임편집 김성옥·조은서
디자인 박고은

등록 제10-1962호(2000년 5월 3일)
주소 서울시 마포구 잔다리로 62-1 미래의창빌딩(서교동 376-15, 5층)
전화 02-338-5175 **팩스** 02-338-5140
ISBN 978-89-5989-584-7 13000

※ 책값은 뒤표지에 있습니다. 잘못된 책은 서점에서 바꿔 드립니다.

이 도서의 국립중앙도서관 출판예정도서목록(CIP)은 서지정보유통지원시스템 홈페이지(http://seoji.nl.go.kr)와
국가자료공동목록시스템(http://www.nl.go.kr/kolisnet)에서 이용하실 수 있습니다.(CIP제어번호: CIP2019019101)

미래의창은 여러분의 소중한 원고를 기다리고 있습니다. 원고 투고는 미래의창 블로그와 이메일을
이용해주세요. 책을 통해 여러분의 소중한 생각을 많은 사람들과 나누시기 바랍니다.
블로그 miraebookjoa.blog.me 이메일 mbookjoa@naver.com